Brigitte
SEUMENICHT

Reconocida líder empresarial, con sólida trayectoria como consultora, colaboradora, guía y asesora de empresas Fortune 500 alrededor del mundo.

Fundadora de MERKATUA®, empresa de consultoría. Destacada Keynote Speaker en América, Europa y Asia. Coach ejecutiva de CEO y VP a nivel internacional.

Su podcast *Yo Me Encargo*® es uno de los más escuchados en Latinoamérica.

Es amante de la naturaleza, los libros, la creatividad, su familia y de hacer lo que más le apasiona en la vida.

YO ME ENCARGO

YO ME ENCARGO

10 ESTRATEGIAS PARA IMPULSAR TU CARRERA PROFESIONAL... ¡Y TU VIDA!

BRIGITTE SEUMENICHT

DIRECTORIO

Alex Pacheco
Director

Denise Sánchez
Directora Editorial

Andrea Cataño
Directora de Edición y Diseño

Guadalupe Ortega
Coordinación Administrativa

Alejandra Pérez
Directora Comercial

Claudeé Galindo
Corrección de Estilo

Stephanya Sánchez
Cuidado de la Edición

Davinia Villaseñor
Diseño Editorial

info@epicbook.com.mx

COPYRIGHT / DERECHOS DE AUTOR
[Yo me encargo]
Copyright © 2022 Brigitte Seumenicht
Registro: 2207131573108
ISBN: 979-888757633-6
Todos los derechos reservados.

Sin limitar los derechos de autor reservados anteriormente, ninguna parte de esta publicación puede ser reproducida, almacenada o introducida en un sistema de recuperación, o transmitida en cualquier forma o por cualquier medio (electrónico, mecánico, fotocopiado, grabación, escaneo u otro), sin el previo permiso por escrito del propietario de los derechos de autor de este libro. La exploración, duplicación y distribución de este libro a través de Internet, o por cualquier otro medio sin el permiso del autor es ilegal y punible por la ley. Por favor, compre sólo las ediciones electrónicas autorizadas y no participe ni aliente la piratería electrónica de los materiales protegidos por derechos de autor. Se agradece su apoyo a los derechos del autor. El editor no tiene ningún control y no asume ninguna responsabilidad por los sitios web de terceros o sus contenidos.

Índice

Introducción   9

1 Confía sin titubear   29

2 Construye oportunidades   45

3 Hazte las preguntas correctas   63

4 Acorta brechas   89

5 Libera tu creatividad   113

6 Sorprende con tu marca personal   137

7 Inspira e impacta a los demás   161

8 Simplifica tu vida   173

9 Supera las expectativas   187

10 Celebra la vida   201

Conclusión   219

> *Todos los días tienes dos opciones: alzar la mano y tomar las riendas de tu vida, o quedarte paralizado esperando que algo suceda. ¿Qué opción eliges hoy?*
>
> Brigitte Seumenicht

INTRODUCCIÓN

Alza la mano y di:
"Yo me encargo"

—No te preocupes, tienes algo de dinero. Puedes darte seis meses para pensar qué quieres hacer —me dijo Carlos mientras me veía tumbada en la cama, paralizada.

No entendía... ¿Qué había pasado? ¿En qué había fallado? ¿Qué iba a hacer? De algo estaba segura: ese consejo no lo iba a seguir.

Horas antes llegué, como todas las mañanas, a aquel lugar de trabajo que tanto me gustaba para empezar mi día. Llena de energía, y con muchos proyectos en la cabeza, dejé mis cosas en mi lugar, platiqué con mis compañeros de la oficina acerca de nuestras actividades del fin de semana y me dispuse a ir a la pequeña cocina que teníamos para prepararme mi habitual café de la mañana. Todo parecía ser tan... normal, hasta que recibí una llamada inesperada de la oficina de mi jefe. "Brigitte, ¿puedes subir por favor?", fue lo único que escuché por el auricular antes de que la llamada se colgara sin mayor protocolo.

Caminando rumbo a su oficina pasaron por mi mente muchas cosas, pero jamás me hubiera imaginado que lo que conversaríamos minutos después cambiaría mi vida para siempre.

Llegué a su puerta, la cual estaba entreabierta, y ahí lo encontré, sentado como siempre detrás de su escritorio. Sin decir una sola palabra, me hizo la seña con la mano derecha de que tomara asiento. De pronto, sentada frente a él, me dijo algo parecido a: "Brigitte, ya no eres más el perfil para este lugar de trabajo. Muchas gracias".

Mi cuerpo comenzó a temblar y mi corazón a latir con mucha fuerza. Mi mente estaba en blanco. Lo veía todo en cámara lenta, así como en las películas cuando hay una voz en *off* y pareciera que el interlocutor no está escuchando. Yo veía a mi jefe mover los labios, pero me costaba asimilar lo que me estaba diciendo. Así, ahí, estaba yo, frente a la persona que había decidido... despedirme de mi trabajo.

El mundo se me vino abajo. Sentí un golpe en el pecho y el piso tambaleante bajo mis pies.

Con dificultad llegué a mi oficina. ¿Qué es lo que se supone que se tiene que hacer en estos casos? ¿Sacar una caja de cartón y salir caminando frente a todos con la dignidad en el piso? ¿Dejarlo todo en el cajón sin apego ni pertenencia? ¿Ir cubículo a cubículo a despedirse de cada una de las personas que te acompañaron durante tantos años? Recogí las cosas que pude meter en mi bolsa, no más. Me dolió dejar una planta que sembré en una maceta grande y que creció a la par de lo que yo crecí en ese trabajo. Dejé mis cuadros, algunos libros, y no recuerdo qué más... ¡ah, ya! Algo importante: un pedazo de mi autoestima y mi dignidad.

Una hora después, estaba en mi casa sintiendo que llegaba solo la mitad de mí. Carlos me estaba esperando.

Había pedido permiso para salir temprano de su trabajo y acompañarme.

—Deberían despedirte en la banqueta —le dije con profunda tristeza—. ¿Acaso no te dan ganas de ir a reclamarles por lo que me hicieron? —le pregunté.

—En cinco años sabrás si les reclamarás o les agradecerás profundamente —me contestó.

Ese día me desperté en la madrugada; una angustia profunda invadía mi mente y mi corazón. No entendía nada, todo me daba vueltas, tenía una preocupación inmensa que parecía paralizar cualquier pensamiento. De pronto, desperté a Carlos y le conté exactamente cómo me sentía, y me dijo:

—No te preocupes, tienes algo de dinero. Puedes darte seis meses para pensar qué quieres hacer.

En ese momento, lo volteé a ver y le dije:

—Claro que no, no me voy a gastar ni un solo centavo de ese dinero. Yo mañana me levanto y hago dinero. De eso, de eso **Yo Me Encargo**.

Yo Me Encargo era una auto declaración de que no pensaba rendirme, una exclamación que me haría responsable aun en circunstancias difíciles, la actitud que me empoderaría en todo momento por el resto de mi vida y que me daría la fuerza para salir adelante en todas mis caídas.

Era todo eso, aunque en aquel momento me encontrara en esa posición tan incómoda, aunque me encontrara tocando fondo, aunque sintiera que tenía que comenzar nuevamente, desde cero.

Algo de mi pasado

Nací un 12 de febrero de 1975 en el Hospital de México en la Ciudad de México. Mis papás, aun sabiendo que iba a vivir teniendo complicaciones con mis dos apellidos, que son prácticamente impronunciables, decidieron ponerme por nombre Brigitte. Durante prácticamente 18 años de mi vida nunca fui Brigitte; todo el mundo me llamaba Biggi. Digamos que ni uno ni otro o, más bien, ni a cuál irle.

Cuando entré a la universidad, mis profesores pasaban lista y justo cuando se quedaban callados leyendo y releyendo el siguiente nombre yo sabía que era el mío. "Presente, profesor".

Ha sido complicado vivir con este nombre, tener que deletrear S de Samuel, E de Ernesto, U de Ulises, M de Manuel, E de Ernesto, N de Nacho, I de Ignacio, C de Carlos, H de Horacio y T de Tomás para pedir un café en Starbucks, para dejar mi ropa en la tintorería o para hacer una reservación en un restaurante.

Años después, sabiendo que soy una apasionada de la creatividad y que la creatividad sirve para resolver problemas (yo tenía un problema con mi nombre), decidí crearme un personaje artístico, un personaje que se llama Victoria Pedregal, y Victoria Pedregal me ha solucionado la vida: a donde sea que voy, digo que me llamo Victoria Pedregal y problema solucionado.

De mi infancia tengo muchos bonitos recuerdos: los fines de semana con mis primas, atrapar luciérnagas en el jardín con mi hermano, comer pan con mantequilla y azúcar mientras veíamos la tele, escuchar una y mil veces el mismo disco, soñar con lo que quería ser de grande.

Después del temblor en la Ciudad de México en el año de 1985, cuando tenía yo 11 años, mis papás decidieron que nos iríamos a vivir a Morelos, a un fraccionamiento llamado Lomas de Cocoyoc. El cambio fue radical, escalofriante, pero muy positivo. Hoy en día, cuando me preguntan de dónde soy, digo que soy de ahí. Soy de ahí porque ahí sentí cómo me crecían alas para volar; soy de ahí porque ahí recuerdo haber sido muy libre, y soy de ahí porque ahí fui feliz.

Vivíamos en una casa al lado de una barranca. Desde la ventana de mi cuarto se podía ver y oír el agua de la cascada. Cuando llovía, llovía fuerte. El agua llevaba tal fuerza que el ruido de la cascada me despertaba a medianoche. Las tormentas eran tormentas de verdad, de esas que hacían que los truenos traspasaran el techo y las paredes de la casa, descomponiendo a su paso todos nuestros aparatos electrónicos. Al amanecer, se veía cómo todo se había averiado; era como si la electricidad se hubiera apoderado de todo.

Al inicio, me daba miedo, mucho miedo. Recuerdo bajar las escaleras de la casa corriendo cuando necesitaba algo de la cocina y subir los escalones de dos en dos a una velocidad inigualable. Recuerdo escuchar los truenos, el agua de la barranca y el ruido de las hojas como si se metiera entre mi piel y mis huesos. En esa casa, la naturaleza se hacía presente en todas sus facetas. Las hojas de los árboles ondeaban con poder y fuerza, los animales de la barranca (tlacuaches, serpientes, armadillos y zorrillos) salían en búsqueda de refugio para ser luego rescatados por mi papá, flotando en la alberca. La luz se iba, un día sí y otro también, y estar por horas a la luz de las velas da miedo cuando eres niño.

Pero después me acostumbré y perdí el miedo. "A todo se acostumbra uno", suele decir mi hermano Jan. Comencé a amar el olor a tierra mojada mientras llovía y había tormentas; comencé a matar alacranes cuando los sentía cerca; empecé a valorar la vista del horizonte infinito desde la ventana de mi habitación mientras hacía las tareas y comencé a escribir cuentos a la luz de las velas.

En fin, cuando nos mudamos, vivíamos con todo y sin nada: sin canales de televisión, sin teléfono, sin lugares a dónde ir; éramos nosotros y la naturaleza. Estábamos como la familia Robinson, varados en una isla desierta, domesticando nuestro nuevo entorno y convirtiéndolo en nuestro nuevo hogar.

La pregunta que invariablemente todo el mundo me hacía cuando venía de la ciudad era "¿pero no te aburres aquí?", seguida de la expresión "¡aquí no hay nada!".

Pero para mí había todo. ¿Qué más se puede pedir cuando tienes a tu familia, tienes amigos, tienes un perro, tienes tu colegio a cinco minutos, tienes libertad de salir a andar en bici? ¿Qué más se puede pedir cuando eres libre?

Yo nunca me aburrí, nunca. Incluso cuando no tenía nada que hacer me tumbaba en mi cama viendo al techo y... pensaba. Me gusta pensar; desde entonces siempre tengo algo en qué pensar.

También me gustaba escribir. En 1º de secundaria gané el concurso de cuento del colegio. Era un cuento de Navidad acerca de un señor que anhelaba tener un tren que veía en la vitrina de una tienda. Los profesores me felicitaron por mi cuento, argumentando que había sido muy creativa con mi narración; eso me dio confianza. Hace poco por azares del destino me lo encontré en una caja y, bueno, no era malo el cuento, pero, así como para ganar un premio, pues tampoco. Pero eso no importa. Lo que importa es que yo me la creí; creí que era creativa, creí que podía escribir y eso me hizo feliz.

¡Qué importante es que sepas en qué eres bueno porque eso te hace libre! Pero es más importante que te lo creas, incluso sin importar si lo cree el mundo entero.

He trabajado desde que tengo 13 años. Comencé a esa edad dando clases de baile a un grupo de niñas. Sus mamás, entusiasmadas, me animaron a que por las tardes les enseñara a sus hijas pequeñas lo que yo estaba aprendiendo en mis propias clases. Trabajé toda la secundaria y la preparatoria de 4:00 p.m. a 8:00 p.m. ¿Que si me perdí de cosas? Pues sí... de algunas, pero gané muchas otras: el compromiso con el trabajo, la responsabilidad, la administración de mi dinero, la importancia de la puntualidad y el cumplimiento, la conexión con mi lado creativo, el servicio al cliente y la conexión con otros. Sentirme productiva y capaz de hacer algo por los demás, que además me generara un ingreso económico, fue increíble y me regaló gran parte de la confianza que tengo hoy para hacer las cosas.

Insisto, fui muy feliz en esa etapa de mi vida. Tuve a mi familia cerca, muy cerca, siempre al pendiente, siempre siendo cuatro, pero uno a la vez. Tuve grandes maestros, grandes amigos y una vida que, sin lugar a duda, me gustaría repetir.

Cuando vino el momento de decidir estudiar una carrera, estaba confundida. Quería continuar mi carrera en la danza, pero mi papá no parecía muy convencido de ello. Cambié tres veces de carrera y tres veces de ciudad. Lo intenté en la Ciudad de México y prometí nunca más volver a vivir ahí. Me sentía prisionera en una ciudad que me comía y me quitaba hasta las fuerzas para respirar. Después viví en San Antonio, Texas, en un internado de monjas, con otras niñas de diferentes partes del mundo. Cómo llegué ahí y cómo me fue es tema para otro libro. Concluyo que me volví observadora de la realidad de un mundo alterno que no conocía y, hoy que lo veo en retrospectiva, me doy cuenta de que fui más fuerte y sabia de lo que imaginé.

Finalmente, me gradué de la licenciatura en Administración de Empresas por la Universidad de las Américas en Puebla, México. Viví mi época de universitaria consciente, responsable e incluso aburrida. Fui una alumna bien portada en todos los sentidos, no salía por las noches, tenía pocos amigos, estudiaba con el fin de acelerar mi paso para poder graduarme en el menor tiempo posible. Tan pronto obtuve mi título, me contrataron para trabajar en el Departamento de Compras en la planta de Volkswagen Puebla.

En ese trabajo me pagaron por aprender. Hoy que lo veo en retrospectiva, no sabía nada; mucho de lo que aprendí fue gracias a la empresa y a las responsabilidades que tenía, pero, sobre todo, a la gente de la que me rodeé. Hice tres buenos amigos, Laura, Rodolfo y Francisco. Cuando los recuerdo, solo puedo pensar en lo agradecida que estoy por haberlos conocido ya que me acompañaron en mis primeros años laborales con su gran experiencia y estoy convencida de que me ayudaron a ser quien soy hoy en día.

Aprendí a negociar, aprendí de política en las organizaciones, aprendí de trabajo en equipo, aprendí de productividad, aprendí a no cansarme, aprendí a sobrevivir.

Ese trabajo también me permitió pagarme mi maestría. Durante dos años y medio, trabajaba todo el día en la empresa y por las noches estudiaba en la universidad.

Por azares del destino, después de Volkswagen, un proveedor me contrató como Gerente de Compras para trabajar en una empresa austriaca con una de sus sedes en España.

Y así fue como decidí irme por tiempo indefinido a vivir a Mataró, una pequeña ciudad en el litoral mediterráneo, al noroeste de Barcelona, España.

Hoy lo veo como una decisión valiente. Haber dejado toda la estabilidad que ya tenía a nivel laboral para aventurarme a vivir en otro país, en otra cultura, en una empresa mucho más pequeña, en una ciudad de pocos habitantes y meramente industrial fue, sin lugar a duda, valiente.

Tengo un recuerdo muy claro de haber empacado mi vida entera en dos maletas, y de cierta forma, haberme desprendido de todo y de más. Dejé todo, todo, todo lo que era todo en mi vida en ese momento, en una maleta, sin más.

El día que me disponía a tomar el vuelo desde el aeropuerto de la Ciudad de México, cuando estaba a punto de pasar el control de seguridad, me despedí de mis papás. Di dos pasos hacia adelante, volteé mi cabeza para encontrarme nuevamente con sus miradas y le pregunté a mi papá: "¿Verdad que puedo volver cuando quiera?". Él me miró a los ojos y permaneció con un silencio extremo, sin responder.

Hoy pienso que posiblemente me hubiera regresado a los dos días si mi papá me hubiera dicho: "Sí, regresa cuando tú quieras". La experiencia fue muy dura y difícil para mí.

Su silencio me confirmó algo que siempre me ha transmitido: **"Eres responsable de tus decisiones** y, aun sabiendo que siempre estaremos aquí, tendrás que resolver tu vida de alguna u otra manera. **Tienes que hacerte cargo de tu vida, aunque eso implique, muchas veces, hacerlo... sola".**

"Mataró me mata", le decía a todo aquel que me preguntaba cómo la estaba pasando.

Este fue un período de mucho aprendizaje en la industria automotriz, una industria demandante, enfocada a los resultados, donde se valora la productividad, la calidad, el cumplimiento en tiempo, la política, los aspectos técnicos, las normas y los procesos. El cliente da la pauta, y el cliente siempre es primero.

Fui infinitamente infeliz esos años laborales. Los rememoro como si hubieran sido de pedradas y latigazos (creo que me estoy pasando; suena demasiado dramático, pero así los siento cuando veo hacia atrás). Recuerdo muchas veces haber llorado en el baño de la empresa; ir en el coche exhausta después de tanto encuentro rudo e irrespetuoso; cómo veía el reloj esperando a que acabara la jornada de una vez por todas; recuerdo no ser yo, o ser yo en la peor de mis facetas, en mi peor versión. Recuerdo también haber cometido muchos errores y que me reprendieran por ello.

Pero aprendí. Aprendí a trabajar dentro de una empresa. Sé lo que es ser empleado; sé la presión que se siente al tener que cumplir con los indicadores; sé lo que son los OKR y los KPI; sé leer documentos financieros; sé acerca de la importancia de respetar las jerarquías o las líneas de comunicación; sé lo difícil que puede ser la política si no la sabes manejar; sé lo que implica que te den más proyectos; sé qué significa tener un sueldo seguro, como también sé qué significa que tengas que quedarte sin quejarte hasta terminar.

Tras dos años en España, regresé a México a cumplir un sueño que siempre había tenido: abrir una academia de danza. Lo recuerdo y me da risa, pero también cierto orgullo por haberlo logrado. Y digo que me río porque fue como una mini locura. En el fondo, sabía que la academia sería una transición mientras algo importante se presentaba; era una aventura diferente, algo que no conocía y me atreví a hacerlo de la manera más profesional que pude. Preparé mi modelo de negocio; invertí una cantidad considerable de dinero en adecuar el salón y comprar el equipo necesario. Mi mamá me ayudó a repartir *flyers*. Mi mamá resultó ser la publirrelacionista perfecta para que la academia funcionara... y funcionó. Funcionó bien, hasta que llegó una propuesta tentadora para irme a vivir a Querétaro, México, para ocupar el puesto de Gerente de Compras en Siemens. Acepté.

Llegué a esa ciudad a trabajar nuevamente en la industria automotriz y mi vida dio un vuelco de 180 grados cuando se me presentó la oportunidad de dar clases para alumnos de universidad. Durante las mañanas trabajaba como Gerente de Compras y en las tardes daba clases. Me entusiasmaba poder transmitir conocimiento, experiencias y ayudar a otros a alcanzar su máximo potencial. De pronto, me ofrecieron ser directora de la carrera de Mercadotecnia en el Instituto Tecnológico y de Estudios Superiores de Monterrey (ITESM).

Cambiar tan tajantemente del sector automotriz al académico me permitió darme cuenta de muchas cosas. **Las personas son las que hacen que las cosas sucedan y las relaciones entre las personas son muy importantes.**

Estoy profundamente agradecida de haber podido vivir esa experiencia, porque ahí es donde encontré mi camino y mi verdadera vocación. Fui extremadamente feliz esos años, haciendo lo que me apasionaba.

Tan pronto tuve a mi primer hijo y se cumplieron los días que por ley te dan, mi jefe decidió despedirme. La historia de ese día ya la sabes.

Hoy

Desde ese día y hasta la fecha, han pasado muchas cosas. Hoy digo con mucho orgullo que fundé mi propia empresa, MERKATUA®, la cual ha cerrado importantes proyectos con empresas trasnacionales alrededor del mundo. A su vez, desarrollé mi marca personal, que hoy en día me ha llevado a estar presente dando conferencias en países de Asia, Europa, Centro y Sudamérica, Estados Unidos, Canadá y México. Soy consultora y *coach* de negocios, y durante muchos años he acompañado a empresas y líderes del mundo en el desarrollo, planeación y ejecución de sus estrategias de negocio. He sabido compaginar mi vida profesional con mi vida personal. Estoy casada con un vasco, Carlos, al que conocí en un autobús cuando recién llegó a México. Platicamos por tres horas y nos casamos a los seis meses en una boda de diez personas en Playa Larga, Zihuatanejo. Tenemos dos hijos, Ander y Luken, y una perrita a la que amamos, de nombre Mila.

Escribir un libro

Haber ganado un cuento en secundaria y el que un profesor me haya dicho que era yo creativa no significaba que iba a ser fácil escribir un libro en forma. Sin lugar a duda escribir un libro ha sido uno de los retos más difíciles que me he propuesto, y mira que he intentado varias cosas extremas, como bucear en un mar de mantarrayas, pasar 36 horas en labor de parto en una tina con agua, irme a un retiro de silencio. Pero escribir un libro, ¡eso sí que ha sido complicado!

¿A quién se le ocurrió? ¿En qué momento de un día común y corriente se me ocurrió escribir un libro? Pero ¿qué necesidad? O ¡qué necedad, más bien!

Aparte, honestamente, ¿quién soy yo para escribir un libro? Los libros de verdad los escribió Gabriel García Márquez. ¡Cómo me gustó *El amor en los tiempos del cólera*! Me atrapó desde el primer instante; me apasiona lo cansadamente descriptivo que es. O Xavier Velasco con su inolvidable *Diablo Guardián*, sin lugar a duda de mis libros favoritos. O Umberto Eco con *El nombre de la rosa*; lo leí cuando era adolescente, durante unas vacaciones en el pueblo de Levanto, en Italia, donde solía pasar algunos veranos, pues mi abuela vivió ahí por muchos años. Leer ha sido una de mis más grandes pasiones. Estoy segura de que, lo que soy hoy, se lo debo en gran parte a los libros que he leído.

¿Pero yo? ¿Qué tipo de libro voy a escribir yo?

¿Quién es tu audiencia? ¿Qué quieres que tu audiencia haga, piense, sienta después de leerte? ¿Cuál es la transformación que tiene que suceder en esa persona que ha confiado en ti para invertir su tiempo, sus horas, su vida en leer algo que tú quieres compartir? Esas son las preguntas que me hacía constantemente.

Después de mucho analizar cuál ha sido la clave de éxito en mi vida, desarrollé una propuesta de **10 estrategias para impulsar tu carrera profesional... ¡y tu vida!,** la cual ha sido la llave maestra que me ha llevado a donde estoy hoy.

Este libro lo escribo porque hubiera querido tenerlo en mis manos hace unos años. Sé que te invitará a pensar diferente; a crear ideas y solucionar problemas; a cambiar tus paradigmas y creencias; a ser un mejor líder, un mejor colaborador, una mejor persona, y seguramente te ayudará a encontrar inspiración para conectar con tu mejor versión. **Sé que no serás el mismo después de leer este libro.** Las estrategias que aquí planteo a través de mis propias historias, anécdotas y experiencias retumbarán en tu cabeza constantemente; no solo las llevarás contigo para siempre, sino que también te invitarán a ponerlas en acción. Deseo que algo cambie en tu vida de forma positiva después de esta lectura.

Estoy segura de que, si estás dispuesto a recibir, vas a encontrar respuesta a muchas preguntas que te has hecho, no solo sobre tu vida profesional, sino también sobre tu vida personal. Te puedo asegurar algo: **un libro cuesta menos que un par de zapatos, pero te lleva a muchos más lados.** Con un libro en tus manos nunca te vas a sentir solo. Un libro siempre te va a permitir vivir otras vidas, como cuenta Benito Taibo en la historia de *Persona normal*: Paco, el personaje principal, siendo un lector asiduo, decide que sus cenizas sean esparcidas desde un puente para que caigan encima de los coches y estos lo lleven a diferentes destinos, ¡como lo hacen los libros! Por lo tanto, deseo que este libro te ayude a sentir algo distinto, a pensar algo que no habías pensado, a hacer algo que no has hecho, a soñar algo que no habías soñado y a conseguir aquello que te has planteado.

Finalmente, me gustaría pedirte que hicieras el siguiente ejercicio:

Imagina que tienes la oportunidad de encontrarte con tu Yo de hace diez años. Cierra los ojos y piensa que ahí estás; ahí estás tú en ese lugar hace diez años.

Desde tu Yo de hoy, ¿qué le dirías?

Si yo tuviera enfrente de mí a mi Yo de hace diez años, le diría:

"No, no eres el perfil de ese lugar de trabajo. Eres mucho más que un perfil, mucho más que un título, mucho más que una etiqueta, mucho más que un cargo que suena rimbom-

bante. Eres inquieta, tienes energía, eres creativa y amas vivir de tus ideas. Y, ¿sabes qué? Vas a vivir de tus ideas y te va a ir muy bien".

Hoy sé que alcé la mano y tomé las riendas de mi vida, de mi propia vida. Mi carrera profesional, de estar en 0, creció exponencialmente a 100 en tan solo unos años, y estoy convencida de que fue porque alcé la mano y dije: **"Yo Me Encargo®"**.

Con cariño,

Brigitte

> *Si confías en ti hoy, estás creando tu propia inspiración de lo que serás mañana. Que nada ni nadie te quite el valor de lo grande, tan grande, que eres tú cuando confías en ti.*
> Brigitte Seumenicht

1

Confía
sin
titubear

Después de mi despido me sentí vulnerable ante la vida. Me llevó algunos años superarlo y poder hablar del tema sin pesar y con aceptación. Debí haber mareado a mi familia durante algunos meses con mi tema siempre recurrente; "es que no entiendo por qué lo hicieron", les decía con indignación. Sin embargo, por más lastimada que estuviera, por más doloroso que hubiera sido, día con día seguía creciendo en mí una fuerza inagotable y una enorme necesidad de salir adelante. Nunca dudé; lograría lo que me propusiera por más difícil que fuera. Había dos frases que me repetía constantemente: "de hambre no te vas a morir" y "trabajo siempre hay; lo que no hay es gente que quiera trabajar".

El primer lunes de mi vida como profesionista independiente me fui a un café a trabajar o, más bien, a buscar trabajo. Tenía muchos sentimientos encontrados; por un lado, la incertidumbre de no saber cuál debía ser mi siguiente paso y, por otro, una sensación de libertad que me animaba a enfocarme en lo que tenía que hacer. Saqué el cálculo de lo que necesitaba ganar por mes para "librarla". Y aquí viene una creencia importante que ha guiado mi vida: aun cuando sabía que era preciso hacer un ajuste considerable en los gastos y que esa medida era lo inteligente, a la vez, tenía que enfocarme en cómo ganar más y no en cómo gastar menos.

Así fue como acepté todos los trabajos sin condición. Al inicio, se trató de trabajos con poca remuneración, pero debía aceptarlos fuera como fuera. En principio, porque era lo que había y también porque, en el fondo, esos proyectos me devolvían la fuerza que necesitaba para sentirme productiva y, más que nada, para elevar nuevamente mi autoestima.

Recuerdo alguna vez que me invitaron a dar una capacitación a un pueblito recóndito en el norte del país, al cual llegar fue toda una odisea. El presupuesto en general era muy limitado. Debía trasladarme en autobús durante más de 14 horas, haciendo escala en dos ciudades. No había presupuesto tampoco para más de una noche de hospedaje por lo que prácticamente me bajé del último autobús y me dirigí al salón. Cuando entré, vi que no había proyector, por lo que me acerqué a la chica que me había contactado y su respuesta fue: "El proyector lo puedes rentar aquí enfrente en la papelería".

En otra ocasión, me invitaron como ponente a un evento universitario en Guanajuato. El comité estudiantil organizador me comentó que me hospedarían en la Hacienda San Cristóbal, propiedad de la familia del expresidente Vicente Fox. ¡No lo podía creer! Una noche como reina o como primera dama. Terminando de dar mi conferencia se acercó conmigo el joven tesorero con una bolsa Ziploc con algunos billetes y miles de monedas, y me dijo: "Brigitte, una disculpa. No logramos juntar el total del pago de la conferencia". Me dio ternura y no dije nada.

La sorpresa vino cuando después de haber dormido en la cama de Vicente y Marta Fox, en su linda Hacienda, vino la cuenta, la cual supuse que estaba contemplada, pero...

¡para que la pagara yo! Así que, así como llegó la bolsa Ziploc con las monedas, se quedó en la recepción de la Hacienda de los Fox.

No importaba a dónde fuera ni en qué condiciones; para mí era trabajo y también la oportunidad de reconstruirme para seguir confiando en mí.

Adicionalmente, empecé a hacer investigaciones de mercado, de forma independiente y anuncié mis servicios de consultoría en *marketing* en un directorio de empresas en internet. Poco a poco iban llegando oportunidades.

Fundé MERKATUA® en el 2011, un día de marzo en el que hacía un calor infernal. Había cerrado un muy importante proyecto con Kellogg's que consistía en realizar alrededor de 180 *home visits* para ver cómo desayunaban las familias mexicanas y, de esta forma, entender mejor los hábitos del consumidor, a fin de poder idear propuestas innovadoras en cuanto al producto y la publicidad.

La etapa inicial consistía en buscar 180 familias que cumplieran con determinado perfil y estuvieran dispuestas a abrirnos la puerta de su casa a las 6:00 a.m. para verlos desayunar en un día normal.

Para esta dinámica, los directivos a nivel global se trasladaban en avión privado desde Estados Unidos con el objetivo de participar en estas visitas, y a las familias no se les podía comentar nada respecto a quiénes irían a sus casas ni sobre el estudio, para no sesgar la información.

Era básicamente decirles: "¿Me dejas verte desayunar?".

No sé si estoy logrando transmitirte lo complejo de este proyecto. No es fácil que en un país como México alguien te abra las puertas de su casa a las 6:00 a.m. y deje entrar a cuatro desconocidos para que se sienten a verlos desayunar.

Muchas familias nos cancelaban minutos antes o no abrían la puerta y teníamos que recurrir a las familias de respaldo, todo esto acompañado de mucho estrés y nerviosismo.

Al inicio le entré al proyecto sola, totalmente sola. No fue fácil ni divertido, pero aprendí.

En ese entonces no había Waze; solo había una versión bastante precaria de Google Maps y nos solicitaban que imprimiéramos los mapas para que los visitantes pudieran llegar con exactitud a las viviendas. La sala de mi casa se convirtió en el lugar donde imprimía y luego metía las impresiones en sobres.

Hasta aquí, todo bien, pero había otra solicitud importante: forzosamente yo tenía que ir a cada una de las casas para verificar que la dirección fuera la correcta y, además, tomar una fotografía de la fachada, la cual iba impresa en los documentos. Todo esto era para asegurarnos de que los visitantes llegarían a la casa indicada.

Ese día de marzo tan caluroso, mi hijo Ander, que para entonces tenía menos de dos años, iba conmigo en el coche. Desde la parte de atrás, en su sillita, me acompañaba por toda la ciudad, mientras yo iba buscando las casas, tomando fotografías, verificando que fuera la casa correcta. A veces nos perdíamos en calles en las que nunca habíamos estado, con un calorón tremendo.

Recuerdo voltear a verlo y decirle con ánimo: "Ya falta menos, ya solo nos quedan doce casas, ya solo faltan seis casas, ya solo faltan dos". Y veía su carita, agotada.

Me detuve a comprarle agua y algo para comer en un OXXO. Al final del día, cuando ya había oscurecido, llegamos a nuestra casa insolados, cansados y mareados. Lo tomé en mis brazos para sacarlo de su sillita y vi sus ojos; es una imagen que jamás voy a olvidar. Se sentía mal, tenía las mejillas enrojecidas por el sol y se le notaba la fatiga. Fueron muchas horas dando vueltas en el coche. Había sido un día pesado para ambos.

En ese momento, se me rompió el corazón. No pude más. En algo estaba fallando; algo en la ecuación no estaba funcionando. Trabajaba más de 18 horas al día sin parar, incluyendo fines de semana. Lo que parecía que era mi prioridad se estaba convirtiendo en parte de la fórmula de algo que, si continuaba igual, no iba a ser sustentable en el tiempo.

Días después, le conté a una amiga lo difícil que estaba siendo compaginar mi vida como mamá, mi espíritu por emprender, mi vulnerabilidad, mi autoestima y confianza mermadas por la experiencia de mi salida del último trabajo, y la inseguridad de no saber si habría trabajo y, en consecuencia, ingresos el mes entrante.

—¿Cuánto ganas en cada proyecto? —me preguntó.

La cifra que le di no pareció ser de su total agrado, a lo que respondió:

—¿Y por ese dinero te estás matando de esa forma? Ganas lo mismo que le podrías pagar a alguien que te ayudara con tu hijo. ¿Crees que vale la pena lo que estás haciendo? Piénsalo.

Me fui a mi casa con sus palabras dando vueltas por mi cabeza. Tenía un punto y era que definitivamente lo que ganaba equivalía a lo mismo que me costaría pedir ayuda para no tener que llevar a mi hijo de un lado a otro por la ciudad. Esa era su verdad. ¿Y la mía?

¿Acaso tenía que renunciar a los próximos proyectos? ¿Esperar a que llegara la oportunidad salarial que cumpliera con mis necesidades del momento? ¿Ser mamá de tiempo completo? ¿No habría otra forma de ver o resolver las cosas?

Ahí fue donde más tuve que confiar en mí y dejar a un lado las opiniones de los demás. Si bien es cierto que siempre es bueno escuchar a los demás, **lo más importante es escuchar a tu intuición y a tu razón**. Pero, sobre todo, necesitas **saber que puedes confiar en ti**.

—Es que yo sé que puedo —le dije a Carlos—. También sé que debe de haber más de una forma de hacer crecer esto. También sé que tengo que cambiar algunas cosas rápidamente. Y de lo que estoy 100% segura es que es solo el comienzo.

Esa era mi verdad. Y pensaba seguirla.

Cada persona vive realidades distintas y hablará desde su propia experiencia. Pero siempre existe la posibilidad de conectar con tu verdad; siempre existe la posibilidad de que **confíes en ti, sin titubear**. Cuando así lo haces, descubres que hay algo que solo tú sabes, algo que solo a ti te mueve, te impulsa y te confronta, pero también sabes que hay cosas que puedes cambiar.

Así que tomé una hoja de papel e hice este ejercicio, que estoy segura de que te puede ayudar. Úsalo en cualquier momento en el cual tengas que tomar una decisión, hacer cambios en tu vida, darle un giro a la situación actual o simplemente tomar perspectiva y visibilidad.

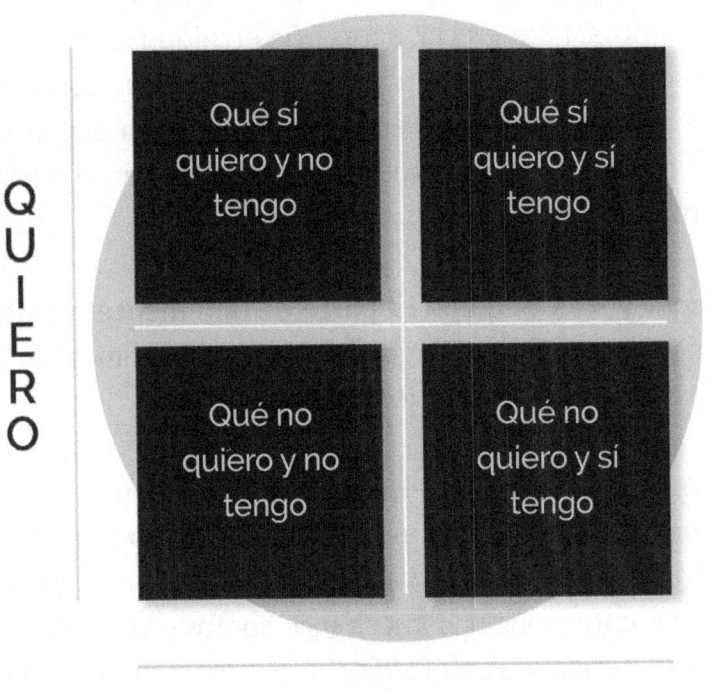

Q U I E R O	Qué sí quiero y no tengo	Qué sí quiero y sí tengo
	Qué no quiero y no tengo	Qué no quiero y sí tengo

TENGO

Es importante que lo escribas y que llegues a la mayor cantidad posible de ideas, conceptos, emociones, sentimientos y valores.

En mi caso, lo que sabía que sí tenía y sí quería era seguir trabajando. Por un lado, no era una opción a nivel económico quedarme en casa. En esos momentos enfrentábamos un gran reto económico como familia y mis ingresos contribuían a sostenernos, por lo que no había forma de prescindir de ellos. Por otro lado, siempre he sabido que trabajar me hace feliz. Disfruto enormemente sentirme productiva en mi día a día, y quiero poder decirles a mis hijos un día: "Lo logramos. Gracias por acompañarme y hacerlo posible".

Sabía que quería tener más equilibrio y más armonía entre mi trabajo y mi familia, la cual no era muy evidente en esos momentos. Para crecer, sabía que en algunas cosas necesitaba soltar el volante: tenía que delegar. Y fue así como comencé a contratar a diferentes personas para armar un equipo y confiar en que lo que ellos podían hacer lo hacían mejor y mucho más rápido que yo.

Delegar y hacer equipo es parte de una mente estratégica. Pensar que puedes hacerlo todo tú solo es inviable, es poco estratégico y es hasta cierto punto ilusorio.

Yo tomé la decisión de elegir a Carlos como pareja para hacer equipo. Carlos siempre me ha dado un apoyo invaluable; siempre me ha brindado esa tranquilidad y esa paz tan necesarias en una mente inquieta como la mía. Somos una pareja, pareja. Somos un equipo; siempre lo hemos visto y sentido así. Los dos trabajamos, los dos estamos a cargo de que nuestros hijos estén bien, los dos nos hacemos responsables de la casa. Pienso que, aunque nunca lo hemos hablado, tenemos un proyecto de vida juntos en el cual hemos sido respetuosos, pero sobre todo leales el uno con el otro.

Elegir una pareja que te acompañe en tus sueños, te dé libertad y confíe plenamente en ti es una de las mejores decisiones que puedes tomar en tu vida.

Sin lugar a duda, el equipo cercano también lo conforman mis padres y mi hermano, quienes han estado al pie del cañón impulsando mi carrera y propiciando con mucho amor el bienestar de mis hijos. Siempre estaré agradecida por ello.

Solo gracias a la confianza que tengas en ti mismo y al reconocimiento que le des a la gente que te ayuda en el camino, lograrás vencer los miedos y seguir adelante.

Hay una frase de Isaac Newton que refleja exactamente lo que yo pienso con relación a la gente que me rodea, y dice:

"Si he logrado ver más lejos, ha sido porque he subido a hombros de gigantes".

Hoy puedo decir con orgullo que después de varios años le dimos forma a una empresa que empezó perdida en las calles de una ciudad, con un niño pequeñito en el asiento de atrás, muchas veces sin rumbo fijo, mareados y cansados por el calor, buscando las oportunidades, luchando por un objetivo, con paso firme y sin desistir, confiando en todo momento en que se podía lograr, para al final cerrar grandes proyectos que mantienen este sueño hecho una realidad.

¿Qué pierdes y qué ganas confiando en ti?

Durante ese tiempo hubo varias invitaciones laborales con las que no me sentía del todo segura. No sabía si podría desempeñarme bien o si era el trabajo adecuado para mí. Tenía un sinfín de dudas, pero algo en mi intuición siempre me decía: "¡Lánzate! ¡Vas! Quizá no sabes, pero sí puedes". Confía en ti. ¿Has tenido esta sensación alguna vez? Estoy segura de que sí.

Y es que a veces es más cómodo decir "no, ni al caso"; es más cómodo no moverte; es más cómodo "no hacer nada". Pero ¿y si confías en ti? ¿Si lo intentas confiando en que eres capaz? ¿Si conectas con ese tú, tan TÚ, que sorprende a los demás en muchas cosas, pero sobre todo que te ha sorprendido a ti mismo en momentos difíciles?

Y así, sin más, aceptaba... confiando. Por supuesto que algunos trabajos me han quitado el sueño una o dos noches; por supuesto que me preocupaba pensar en que las cosas no se dieran; por supuesto que he tenido sentimientos encontrados; por supuesto que he trabajado sin parar. Y, ¿sabes qué? Hoy pienso que mucho de todo lo que acepté aun sin saber, pude haberlo realizado mejor, pero hice lo que pude con la experiencia y el conocimiento que tenía en esos momentos y aprendí algo que trascendió los aspectos laborales: aprendí que podía confiar en mí.

Aun cuando las cosas no salgan del todo bien y quienes te rodean duden de ti, tú tienes que confiar en ti y agradecer que te estás regalando lo más preciado que puedes darte: **ese voto de confianza de creer que puedes llegar a** ser muy bueno en algo (o quizá que ya lo eres), que estás aquí para algo, que tu vida añade valor a la vida de los demás, que alguien necesita de ti y que, por ende, tu vida es valiosa e importante.

Ahora, quiero decirte lo que considero más importante de todo lo que te he dicho hasta ahora. **Nadie va a confiar en ti, si tú no lo haces.**

Y olvídate de que alguien más confíe en ti. Hazlo solo, porque si tú crees que no eres valioso en este mundo y que no eres quien te gustaría ser, si te recriminas constantemente tus errores y equivocaciones, y si piensas que no eres nadie comparado a..., ¡estás rotundamente equivocado!

Tú eres único; no te pareces a nadie y eso ya es increíble. Eres la única persona en este planeta con esas características, con esos ojazos, con esa sonrisa capaz de cautivar a cualquiera, con ese don tan especial, con ese talento para algo, con esa cualidad, con ese ¡*wow*! que le sacas a los demás. Y no me digas nada, por favor. "Es que yo, Brigitte"... ¡nada! **Tú sabes quién eres, qué eres y lo que verdaderamente mereces.** Ve por ello. No dudes de ti y confía sin titubear, porque, así de imperfecto, tienes mucho de perfecto.

Preguntas de reflexión:

- *¿Qué te limita a creer 100% en ti?*
- *¿A quién o a qué le estás dando el poder de confiar en ti?*
- *¿Qué es lo que detona que no tengas confianza?*
- *¿Qué puedes hacer al respecto?*
- *¿Qué tienes que empezar a hacer hoy para darte un voto de confianza?*

De la intención a la acción:

• Durante la siguiente semana, identifica aquellos momentos en los cuales dudas de ti mismo y valida las emociones que sientes.

• Ahora, recuerda un momento de tu vida en el que hayas tenido el valor de hacer algo y lo hayas hecho muy bien. Conecta con esa mejor versión de ti mismo. Identifica: ¿quién eres en esa versión segura y confiada? ¿Qué atributos y fortalezas salen a relucir? ¿Qué cualidades te distinguen?

• Haz una lista de todos esos momentos en los que hayas confiado en ti y, cada vez que te encuentres dudando, vuelve a conectar con tu mejor versión. Solo desde ahí podrás tomar mejores decisiones.

Este simple pero efectivo ejercicio te ayudará a darte cuenta de que, si bien hay momentos de duda y de desconfianza, también ha habido momentos en los que has logrado grandes cosas gracias a la persona que eres, por lo que volverás a retomar confianza y serás capaz de tomar una mejor decisión.

> *Muchas veces lo que pasa no es tu responsabilidad; no te pagan por ello; no es de tu área ni departamento; no es tu culpa, pero sí es tu oportunidad.*
>
> Brigitte Seumenicht

2

Construye
oportunidades

Las oportunidades se construyen

Un día me preguntaron en una entrevista cuál había sido la clave principal para lograr mi crecimiento profesional. Yo respondí que una de las claves es saber que las oportunidades las tienes que construir y que todo momento es un buen momento para pensar cómo lo vas a lograr.

Me gusta observar a la gente con detenimiento, analizar situaciones y resolver problemas. Me complace encontrar ideas para hacer las cosas de diferente manera. Creo en el poder de establecer conexiones entre personas y ver cómo uno le puede ayudar al otro; en resumen, me encanta construir oportunidades.

Por ejemplo, cada noviembre, elijo a las diez personas que más marcaron mi vida durante el año y les mando una carta personalizada con el título: "Eres de mis TOP 10 (del año en curso)". Esta dinámica me permite estar muy atenta a la gente que me sorprende, y procuro encontrar siempre algo que me hayan enseñado, algo que haya aprendido de ellos, algo que les admire o simplemente algo que me haya sorprendido.

Alex fue uno de ellos. Lo conocí en 2019 en un proyecto muy grande que cerré con el corporativo de AXA Seguros. Nos contrataron para desarrollar un programa de entrenamiento en Servicio al Cliente que permeara a toda la organización, y logramos así capacitar durante un año a más de cuatro mil personas. Sin lugar a duda, ha sido uno de los proyectos más grandes que hemos tenido en MERKATUA®. Tuvo mucho impacto, resultados muy positivos y una enorme satisfacción para todos los que participamos.

Alex era parte de AXA Seguros, se veía muy joven y en todas las juntas transmitía un compromiso notable con el proyecto, una entrega constante y un entusiasmo invaluable. Sobre todo, parecía conocer perfectamente de lo que hablábamos y siempre mostraba una actitud hacia adelante. Esa actitud me llamaba poderosamente la atención; era imposible que pasara desapercibido.

Un día me le acerqué y le pregunté:

—¿Cuántos años tienes?

—Tengo 19 años —me contestó.

Su actitud no reflejaba el comportamiento de un joven de esa edad.

—Y, ¿cuál es tu rol en la empresa? —le pregunté.

—Soy practicante.

Esa respuesta me dejó pasmada. Un joven de 19 años en una empresa de este nivel, aportando, contribuyendo, construyendo una oportunidad de carrera a través de una actitud ejemplar no es tan fácil de encontrar.

—Estudio Ingeniería Industrial y decidí hacer mis prácticas profesionales en Recursos Humanos porque siento que se equilibra muy bien una cosa con la otra. Lo que no me da la universidad lo estoy aprendiendo en el trabajo y viceversa —me contó.

Me quedé pensando durante varios días en él. Alex estaba construyendo oportunidades día con día; era propositivo, influyente, líder, empático y sabía lo que quería. Alex sabía que cada día contaba para construir su propia reputación y credibilidad.

Al final, **la ecuación en los negocios para mí es muy simple: o sumas o restas;** no hay más. Y son aquellas pequeñas acciones que haces día con día las que reflejan quién eres como persona y el tipo de líder en el que te quieres convertir.

Saludar, dar las gracias, sonreír, escuchar con atención, poner el papel en la impresora, apretar el botón del elevador para que suban otros, ver a los ojos cuando alguien te habla, contestar un mensaje, pedir una disculpa en un momento oportuno, reconocer a otros... todo esto suma. Lo demás que haces con la intención de intimidar, ganar la batalla, evidenciar, exponer, ganar pisando al otro, mostrar control y poder, ser negativo, cerrar las puertas, dañar... todo eso resta.

Alex sumaba.

Y lo demostró aún más el día que teníamos que presentar la propuesta final del proyecto al CEO y a los vicepresidentes de la empresa.

Lo vi caminando hacia mí. Cargaba en sus manos las cajas con los diferentes materiales que íbamos a utilizar.

Subimos juntos al elevador y me dijo:

—Brigitte, ¿te puedo pedir un favor? Quisiera participar en la dinámica de *role play* que vas a hacer. Y quiero pedirte un favor importante: quiero ser yo quien participe en esta dinámica en la tercia donde se encuentre el CEO de la empresa.

—¿Estás seguro de lo que me estás pidiendo? —le pregunté asombrada.

—Sí, es la única oportunidad que tengo de que me voltee a ver —me contestó sin dudar.

Tal como me lo pidió, lo puse en la dinámica con el CEO y todos quedaron gratamente impresionados con su desempeño. Alex, con su carisma, se desempeñó sin miedo, con firmeza de carácter, sabiendo que era una oportunidad que tenía en sus manos y no la iba a dejar ir.

Ese año le mandé a Alex un agradecimiento por la gran persona que era y lo mucho que había impactado positivamente mi vida. Y no quise dejarlo ahí; aproveché para pedirle el correo electrónico de sus padres y enviarles a ellos también un reconocimiento y agradecimiento por la persona que habían formado en él.

Posiblemente, ese día sus padres sonrieron y sintieron una sensación de orgullo al leer mis palabras. Ese día seguro lo abrazaron con el corazón lleno de emoción y sentimiento. Quizá ese día aquel rompecabezas que implica la paternidad encontró una pieza necesaria. Quizá Alex también les agradeció a ellos por el amor, el esfuerzo y la entrega. No lo sé, y no lo necesito confirmar porque al final fue un acto de bondad, un sencillo acto que, si bien posiblemente a ellos los hizo sentir bien, a mí me dio la certeza de que no solo sumé en la vida de ellos, sino que **construí una oportunidad para ser una mejor líder, al reconocer el brillo de los demás.**

Hay momentos en la vida en los que nos corresponde construir nuestras propias oportunidades y dejar que otros vean lo que tenemos por ofrecer. Debemos saber que, como líderes, la gente nos está volteando a ver en un afán de encontrar un buen ejemplo, un modelo a seguir, una inspiración, una orientación de qué sí y qué no. Cada una de tus acciones construyen al líder en el que te debes convertir. **No puedes dejar ir ninguna oportunidad para proyectar en todo momento que eres un buen ejemplo, que sumas en la vida de los otros y que estás dispuesto a construir tu propia oportunidad.**

El segundo en el que se va o se construye una oportunidad

En una ocasión asistí a un gran evento de conferencias en calidad de audiencia. Me encanta ir a este tipo de eventos porque me permiten aprender cómo lo hacen otros y a la vez enriquecerme con el conocimiento que comparten. Era el segundo día de conferencias y el programa había transcurrido sin mayores contratiempos, con mucho orden en cuanto a la agenda, excelentes ponentes y un equipo de *staff* preparado para salir a flote en cualquier momento. No obstante, de pronto en el baño me encontré a la coordinadora del evento llorando a mares. Fue una de esas veces en que es evidente que alguien no está bien e incluso empiezas a sentirte parte de la escena, como observadora de una historia que solo tejes en tu mente.

La chica argumentaba que el conferencista de la tarde le había cancelado. Su compañera intentaba consolarla, pero las dos estaban bloqueadas y no sabían qué hacer; lo único seguro era que el conferencista no iba a llegar y que tenían muy poco tiempo para resolver la situación.

De pronto sentí una sensación en el cuerpo difícil de describir, entre emoción, miedo, duda y entusiasmo. Era cuestión de segundos tomar la oportunidad y decirles: "Aquí estoy yo, yo puedo dar la conferencia". Pero... no me conocían. Yo era parte de la audiencia nada más. ¿Quién era esta persona que se atrevía a proponerse para hablar frente a 300 personas cuando nadie la conocía ni la estaban esperando?

Y entonces pensé: **"No es mi culpa, pero sí es mi oportunidad"**.

Me acerqué a la chica y le dije:

—No me conoces. Yo soy parte de la audiencia. Soy conferencista. Puedes investigar en la red un poco sobre mí. Si te puedo ayudar, aquí estoy. Con todo gusto me lanzo al ruedo y sacamos la conferencia a flote.

Pasaron 45 minutos y las vi buscándome con la mirada en las primeras filas entre toda la gente.

—Sí, Brigitte, ayúdanos.

A toda velocidad subí a mi habitación. Tenía una hora para acomodar diapositivas y ajustar contenido.

Cuando me presenté en lugar del otro conferencista les dije:

—No soy la persona que están viendo en sus folletos (¡evidentemente!). Soy alguien que cree fervientemente que hay situaciones en las que no es tu culpa, ni es tu responsabilidad, ni te pagan por ello, ni te corresponde, pero ahí es donde se construyen nuevas y grandes oportunidades, así que gracias a ustedes por hacerlo posible.

Lo difícil no fue hablar en público, porque es algo que a mí me gusta hacer. Lo difícil fue dar ese paso en ese momento, cuando resultaba más fácil hacerme de la vista gorda ante la situación, en la cual podía ayudar o contribuir.

Lo difícil es salir de la zona de confort y atreverte a experimentar algo nuevo. Lo difícil es confiar en que gracias a tu habilidad de resolver problemas muchas veces puedes ser quien saque a flote una situación complicada. Lo difícil es confiar en que estás haciendo lo correcto, tan solo proponiendo, mostrándote con interés en ayudar a los demás.

Hay momentos en nuestra vida profesional y personal en los que se nos presentan oportunidades y, a veces por miedo, por inseguridad o por la misma cultura de la organización, nos frenamos, nos limitamos y no nos atrevemos a tomarlas.

Que tus creencias no te limiten sobre lo que tienes, debes o eres capaz de hacer y dar cuando se te presente una oportunidad. Pero, más allá de eso, ten siempre presente que hay algo que tú sabes, que tú tienes; hay algo que estás pensando; hay algo que tiene que ser escuchado; hay algo en lo que eres bueno. Y es ese algo el que debes compartir con los demás, porque es así como se construyen las grandes oportunidades.

Y así fue como, meses después de ese evento en el que tomé el micrófono, recibí dos llamadas de empresarios entre la audiencia que querían que diera una de mis conferencias a los colaboradores de sus empresas. **Una acción llevó a otra. Una oportunidad construyó el camino hacia un nuevo destino.**

Ahora que lo escribo, pienso que, si hubiera ignorado el momento difícil de esas dos chicas, posiblemente habría regresado a mi lugar para presenciar el incómodo momento de notificar que el conferencista no llegaría. Habría sido partícipe de esa escena como si en mis manos hubiera estado el guion de una película en la que la trama hubiera podido tomar un cauce mejor.

Sé que me habría sentido pequeña en ese instante: pequeña de mente, de espíritu y de corazón; pequeña de saber que podría haber hecho algo para ayudar y decidí no hacerlo; pequeña por no haber confiado en mí misma; pequeña por no haber ayudado, sabiendo que podía hacerlo.

"Tu destino está marcado por todas esas veces que has alzado la mano y has dicho *Yo Me Encargo*".

En 1998 vi una película que marcó mi vida: *Sliding Doors* con Gwyneth Paltrow y John Hannah. Tengo grabada la escena al inicio que detona la trama. Gwyneth baja corriendo las escaleras del metro y, justo cuando va a subir al vagón, se presentan dos escenas simultáneas: una en donde logra entrar al vagón y otra donde se cierran las puertas antes de que logre subir. Durante toda la trama, la película juega con los escenarios de dos mundos paralelos y se puede ver lo que sucede con su vida en ambos.

¿Cuántas veces has pasado por una situación similar? Tomaste una decisión, a veces incluso con una diferencia de segundos, que cambió tu vida y piensas: ¿qué hubiera pasado si hubiera tomado la otra decisión?

Por ahí dicen que el hubiera no existe, y no vamos a entrar en controversia. Más bien, me quiero centrar en la importancia de construir una oportunidad a partir de ciertas decisiones que debes tomar. Desde ahí tienes que sacar el máximo de valentía y de confianza en ti mismo, y debes visualizar un resultado que impactará en la estrategia de lo que quieres en la vida, incluso en cuestión de segundos.

En 2019 tuve la oportunidad de asistir a un evento de *Singularity University*[1] en San Francisco. Para los que no hayan escuchado acerca de *Singularity*, es una institución académica en Silicon Valley cuya finalidad es "reunir, educar e inspirar a un grupo de dirigentes que se esfuercen por comprender y facilitar el desarrollo exponencial de las tecnologías

---
[1] Para más información, se puede visitar la página oficial de *Singularity*: https://www.su.org/.

y promover, aplicar, orientar y guiar estas herramientas para resolver los grandes desafíos de la humanidad".

Durante este evento, sucedió algo que refuerza este concepto. Mientras subía a mi habitación en el hotel donde estaba hospedada, me di cuenta de que íbamos Peter Diamandis y yo en el mismo elevador, sin nadie más.

Peter Diamandis es el cofundador de *Singularity University*. Es reconocido a nivel internacional por ser un promotor de Innovación Exponencial.

Además, es autor de varios libros, conferencista internacional y filántropo de corazón. Y yo estaba ahí, al lado de él, con la conversación más rápida y frugal que podría haber existido.

Él, rápidamente, me preguntó de dónde era. Le dije que de México y añadí:

—Deberías ir para allá.

—He estado varias veces ahí —me contestó.

Se abrieron las puertas y con un simple y escueto *"bye"* nos despedimos.

El hubiera no existe, pero el "si tuviera que vivirlo nuevamente lo haría diferente" ¡sí! Y es que una buena pregunta en ese momento, una pregunta poderosa, hubiera dado pie seguramente a una historia que hoy valdría la pena contar.

No le pedí que me autografiara su libro; foto sí, obvio.

Pero, más allá de la escueta conversación, la foto y los pocos minutos que lo conocí, perdí la gran oportunidad de mi vida de hacerle una buena pregunta a una mente tan extraordinaria y brillante, como lo es la de él.

¿Cuántas veces dejamos ir oportunidades como esas en nuestra vida? ¿Cuántas veces ha pasado el tren diciendo "súbete" o "vamos", y has preferido seguir ahí? No sé si por miedo, inseguridad o desconfianza.

Por ahí dicen que las oportunidades llegan solo una vez en la vida. Las tomas o las dejas; no hay más. No me gusta ese concepto tan drástico y extremista; sin embargo, tengo que reconocer que a veces es verdad.

Y, ¿a qué voy con todo esto? Yo creo que muchas de **las oportunidades en la vida te las buscas, las construyes, las creas, incluso en segundos.**

Hoy, pensándolo bien, si volviera a ese momento con Peter Diamandis en el elevador, no le haría ninguna pregunta; le daría mi autógrafo diciéndole: "Estoy segura de que, con esto, no nos vamos a olvidar… y yo, yo tendré una historia increíble que contar". Ni hablar, se me fue la oportunidad.

La suerte no es sino buscar una buena oportunidad

Hace varios años fui a dar una conferencia en el *Marketing Summit* de Guatemala. Una persona de la audiencia se acercó conmigo y me preguntó si conocía la metodología LEGO® SERIOUS PLAY®.[2]

---
2 Metodología LEGO® SERIOUS PLAY® *https://www.rasmussenconsulting.dk*

En México aún no se escuchaba nada de esto, y fue en ese instante cuando pensé que podía buscar una oportunidad. Ese mismo día en mi habitación de hotel investigué toda la información posible sobre el tema. Estaba convencida de que tenía que certificarme. Un motor imparable dentro de mí fue por ello.

En esos momentos mi economía no me permitía pagar la certificación. Acababa de perder mi trabajo y no había manera de pagar el vuelo a Boston, el hospedaje, la certificación y los demás gastos. Hubiera sido fácil desistir; ese era el camino fácil. Pero, como siempre he creído que capacitarme es importante, busqué otras alternativas. Decidí escribirle un correo electrónico a Robert Rasmussen, creador de la metodología, solicitándole una beca; con suerte me la daría.

Pero "la suerte" no llegó en la primera solicitud; por el contrario, un "no" rotundo se hizo venir. No desistí; insistí. Después de varios correos electrónicos de ida y vuelta, le ofrecí un intercambio para darle algunas asesorías sobre el uso de redes sociales y por fin accedió. No fue una beca del 100%; tampoco fue suerte. Fue una intención fuerte y la búsqueda de una oportunidad. La busqué y la encontré.

"Hay una gran diferencia entre la suerte y una intención fuerte".

No quiero quitarle su credibilidad al concepto de suerte. Creo que sí hay un porcentaje de cosas que suceden en tu vida por suerte, pero creo que un porcentaje más alto sucede porque tú fuiste en búsqueda de ello. Y creo que muchas veces nos gana la apatía, la flojera, el miedo, los nervios o la comodidad, eso es lo que no nos permite alcanzar aquello que queremos.

Alguna vez me preguntaron si creía en la Ley de la Atracción. Creo que lo que sucede con la Ley de la Atracción es que te permite tener claridad de lo que te gustaría tener y, sobre todo, paciencia para que suceda. En mi familia tenemos nuestro listado de las diez cosas que cada uno quisiera tener en su vida. Curiosamente, de las diez que yo anoté, se han cumplido ya siete; por ejemplo, dar una *TED Talk*, hacer un viaje a España con mis hijos y mi esposo, cerrar un proyecto laboral importante, ir a Italia con mi mamá para recordar a mi abuela y escribir un libro. Muchas de ellas han ido sucediendo porque les he dedicado mi energía y enfoque.

Las oportunidades se trabajan y debes poner toda tu fe, tu energía y tu esfuerzo en ellas. A la vez, debes mantener un sentido objetivo: serán lo que tengan que ser cuando tengan que ser.

Me encanta saber que, si lo piensas, será posible, y que, si decretas, lo será aún más. Pero nada de esto va a suceder si no te paras día a día a morirte en la raya por lo que quieres. **Nada va a suceder si no eres disciplinado y enfocado.** Nada pasará si mantienes la misma actitud, las mismas creencias limitantes. También es cierto que, cuando las cosas son para ti, así serán, sin aferrarte ni obsesionarte. ¡Pero no hay forma de que una oportunidad se dé si no has trabajado en que así sea!

¿Qué quiero que te lleves de esto? Una sola frase que engloba todo lo dicho: **que nunca se te cierre el mundo en**

búsqueda de cosas que te hacen sentido. Me refiero a que hagas esa llamada si tu intuición te dice que es lo correcto (ojo: por favor, no le llames a tu exnovio que ya te dijo 1,000 veces, con palabras o con hechos, que no quiere nada contigo), que mandes ese correo electrónico preguntando sobre esa oportunidad que estás buscando, que abras las puertas laborales con la gente que conoces y que no te quedes con "es que me dio pena, no era el momento, no supe cómo decirle". Acuérdate de algo: **lo que tú ofreces, alguien más lo está buscando desesperadamente.** Y, sobre todo, aprende también a retirarte con dignidad y sabiduría cuando la vida misma te ha dicho varias veces que por ahí no va.

Las oportunidades se buscan y se construyen. No confíes tanto en la suerte, los decretos, la fe o el azar. Confía en ti y en tu potencial, que eso sí te va a salvar.

Preguntas de reflexión:

• ¿Cómo me voy a sentir después, si en este momento tomo la decisión de construir una oportunidad?

• ¿Qué pasaría si supiera que no pierdo nada y lo gano todo?

• ¿De qué forma lo que yo sé o lo que yo soy puede ayudar en este momento?

• ¿Qué acciones estoy evitando hacer y pudieran contribuir a mi proyección como líder?

• ¿De qué forma puedo poner mis talentos al servicio de los demás?

De la intención a la acción:

- Durante la siguiente semana, identifica aquellos momentos en los que estés jugando un rol de víctima o de mártir. Ejemplo: "no creo que vaya a funcionar" o "las otras personas no se van a comprometer".

- Sé consciente de las frases, excusas o pretextos que te dices a ti mismo o a los demás para no hacer las cosas. Ejemplo: "no tengo tiempo" o "ya lo he hecho, pero soy malo en eso".

- Modifica tus pensamientos y frases de víctima o mártir. Oriéntalos hacia preguntas que expandan la posibilidad. Ejemplo: "¿qué tendríamos que hacer para que funcione?", "¿cómo puedo administrar mejor mi tiempo?" o "¿cómo puedo contribuir a que los otros se comprometan?".

> *No tengo todas las respuestas, pero sí tengo todas las preguntas que te llevarán a encontrar la respuesta correcta.*
>
> Brigitte Seumenicht

3

Hazte las preguntas correctas

A los pocos años de fundar mi empresa, decidí certificarme como *coach*. Tengo que confesar que no sabía muy bien lo que me esperaba, pero de algo sí estaba segura: sería una herramienta más que podría incorporar a mi vida y a mi profesión para hacer mi trabajo mejor.

Poco a poco fui disfrutando cada vez más de dar sesiones de *coaching*, sobre todo al ver la transformación que se lograba en las personas a través de unas cuantas preguntas poderosas. Desaprovechamos mucho el valor que tiene una buena pregunta hecha en el momento indicado.

A raíz de eso, comencé a incorporar algunas preguntas para reaccionar ante momentos difíciles, para tomar decisiones o para modificar un comportamiento. Lo que a continuación te voy a compartir es oro puro. Son cinco de mis preguntas favoritas que me han ayudado, impulsado y rescatado de infinidad de momentos difíciles y situaciones complicadas. Estoy segura de que, si estás listo, te ayudarán a ti también.

Las cinco preguntas que pueden cambiar la realidad de tu vida

¿Cuántas veces has reaccionado desde el enojo, y momentos después te has arrepentido de ello? ¿Cuántas veces has enviado un correo electrónico respondiendo de forma defensiva? ¿Cuántas veces has dicho algo incorrecto en una reunión porque te tomaron en tus "cinco minutos" de estrés?

En el libro *Leadership and Self Deception* de *The Arbinger Institute* se expone un concepto al que llaman **"estar dentro o fuera de la caja"**.

Cuando estás dentro de la caja, estás en tu peor versión. En este estado puedes sentirte frustrado, enojado, triste, apático, desmotivado, entre muchas otras cosas. Cuando estás fuera de la caja, estás en tu mejor versión y es cuando puedes conectar con ese lado tuyo creativo, optimista, productivo, valiente y proactivo.

Durante nuestro día, entramos y salimos de la caja constantemente. Un correo electrónico de tu jefe solicitándote que vayas a su oficina urgentemente puede detonar que entres en la caja, así como una mala cara de algún compañero de trabajo que te encuentras en el pasillo, que tu hijo no se lave los dientes cuando se lo pides, que cuando vas manejando alguien se te cruce de manera precipitada pudiendo causar un accidente... En fin, son muchas las situaciones que día con día nos meten en la caja.

Lo importante aquí es identificar el detonador que te mete a ti en la caja, porque lo que a una persona la mete en la caja no necesariamente surte el mismo efecto en otros.

Cuando algo te detona, tu amígdala, que se encuentra en el sistema límbico, tiende a activarse; es como si apretaran un "botón de emergencia". ¡Alerta! ¡Alerta! ¡Algo está pasando! Incluso a nivel físico comienzas a tener ciertas reacciones: posiblemente tu corazón late a otro ritmo, sientes la respiración entrecortada, te cuesta hablar bien, te sudan las manos, percibes un burbujeo en el estómago o te sonrojas. **El cuerpo es sabio y manda señales.** Lo interesante aquí es que, cuando esto sucede, a nivel cerebral se liberan ciertas sustancias químicas que hacen que tu corteza prefrontal se nuble. Por ende, cuando estás en la caja no puedes pensar de forma analítica, racional, asertiva e incluso "inteligente".

Lamentablemente, en muchas ocasiones, justo cuando algo nos detona y nos mete en la caja, tomamos decisiones importantes. Es cuando decides que contestarás ese correo, aún con el enojo que tienes y, es más, decides copiar a todo el mundo para que se entere. O es cuando, dentro de la caja, le dices a tu hijo algo hiriente o cuando en la reunión comienzas a hablar más fuerte y a defender tus ideas sin escuchar. ¿Te ha pasado? Estoy segura de que sí.

También estoy segura de que, ya que dejas pasar un tiempo, cuando tu cerebro logra tomar perspectiva, cuestionas tu reacción.

A cada uno le detonan cosas diferentes y, por ende, cada uno tiene una respuesta distinta ante ciertas situaciones.

¿Acaso no has visto cómo hay directivos que ante una queja o reclamo de sus colaboradores se mantienen íntegros, estables y en armonía? ¿Has podido presenciar cómo hay personas que ante una situación de riesgo llegan a actuar como verdaderos héroes? O, incluso, ¿cómo hay quien ante la crítica o la burla en redes sociales se ríe y hasta lo disfruta?

Todos reaccionamos de diferente manera y eso nos hace únicos; sin embargo, hay que ser conscientes de que siempre podemos elegir nuestra respuesta ante las diferentes situaciones que se nos presenten. Hay reacciones que impulsan nuestra proyección como líderes y profesionistas, mientras que hay muchas otras que nos limitan y perjudican.

Cualquier trabajo pone a prueba nuestra emocionalidad. Muchas veces nos vemos atrapados en la emoción y nos cuesta trabajo salir del estado de ánimo que esto puede provocar. En este sentido, quiero compartirte cinco poderosas preguntas que pueden cambiar la forma en la que percibes las cosas y que te ayudarán a tomar perspectiva y conciencia en momentos difíciles, o cuando estés dentro de la caja.

Primera pregunta: ¿Qué es importante aquí que no estoy viendo?

Hace algunos años el director de ventas de una importante empresa automotriz había mostrado interés en mis conferencias para su evento anual. El eje rector de dicho evento era proveer a los participantes de herramientas que les permitieran ser mejores vendedores, pero, sobre todo, mejores negociadores.

Mis conversaciones iniciales fueron con la directora de Recursos Humanos, quien dio el visto bueno y agendó la cita con el director de ventas para que pudiéramos cerrar la negociación.

El día llegó. Después de un breve espacio en el que rompimos el hielo, su actitud dio un giro de 180° y comenzó a mostrarse intimidante y duro. Comenzó a cuestionar, de forma retadora, cada una de las cosas que yo iba exponiendo y parecía querer tener el control en todo momento de la conversación.

Aquí me gustaría hacer un paréntesis, y es que, para ser contratado como conferencista, como consultor y como *coach*, tienes que pasar por varios filtros, en los cuales tus conocimientos se ponen en tela de juicio. Es normal que te hagan preguntas, muchas preguntas. Es normal que se cuestionen tus habilidades porque al final tú eres el producto, tú eres quien se está vendiendo. En este sentido, el manejo de la emocionalidad es importante, pero lo es aún más el saber tomar conciencia y perspectiva para no dejarse atrapar en emociones negativas y para siempre abordar las conversaciones con espíritu de buena voluntad.

—El costo de tu conferencia es muy elevado. No lo podemos absorber —comentó el directivo—. Si no tienes una contrapropuesta en este momento, tendremos que suspender la conversación.

Estas situaciones te sacan de tu centro y te pueden llevar a perder, no solo un buen contrato y una buena relación, sino también tu emocionalidad y, por ende, tu capacidad para tomar decisiones acertadas. Pero es justamente en tales circunstancias en las que debes salir a flote, y una forma de hacerlo es haciéndote la pregunta correcta, para encontrar la respuesta poderosa.

En cuestión de segundos sabía que tenía que tomar perspectiva, tenía que ver la *big picture* y no dejarme atrapar por el mal momento. Fue entonces cuando me pregunté: "**¿Qué es importante aquí que no estoy viendo?**".

Lo importante ahí era el cliente, sus necesidades y sus objetivos para el evento. ¡Claro! Su objetivo era que sus colaboradores pensaran fuera de la caja a la hora de negociar y que fueran creativos en sus estrategias de cierre. Eso era lo importante que yo tenía que ver y que no estaba viendo.

—Te propongo lo siguiente —le dije—. Voy a bajar un 15% el valor de la conferencia y les haré llegar a los participantes un *e-book* de 25 páginas para que puedan darle continuidad a lo aprendido. De ustedes, esperaría las opiniones de tres de los directivos acerca de su experiencia con mi ponencia, así como difusión en todas sus redes sociales sobre mi participación. ¿Qué te parece? —pregunté.

—Gracias, Brigitte. Estás contratada —me contestó—. Si hubieras bajado el precio tal como te lo solicité, me hubieras demostrado que justo para lo que te estoy contratando, que es mostrar cómo ser estratega en una negociación, no eras la persona indicada, pero me acabas de demostrar que sí lo eres.

Esta historia es un reflejo claro de que **ante situaciones que vulneran nuestra emocionalidad nuestro primer impulso es pensar que no hay salida, que no hay solución, que no hay otro camino; pero siempre lo hay cuando eres creativo y asertivo con las preguntas que te haces a ti mismo.** Esta pregunta puede servir de guía cuando quieras ver las cosas desde otra perspectiva.

Me sucedió también en un plano más personal que, después de dos años de pandemia por COVID, invitaron a mi hijo menor, Luken, al cumpleaños de uno de sus amigos. Era viernes y justamente esa semana yo había trabajado muchísimo. Me sentía agotada. Rumbo a la casa del cumpleañero, Luken iba feliz y emocionado, pues era su primera salida después de muchos meses de encierro. Por mi parte, estaba haciendo un gran esfuerzo por mantener el ánimo y acompañarlo en su alegría; sin embargo, el cansancio y el sueño me pesaban, y me ganaban las ganas de estar en mi casa descansando. Bajamos del coche y toqué el timbre de la casa. Nunca olvidaré sus saltos de emoción, mientras yo me preguntaba: "¿Qué hago aquí?". Pero esa no era la pregunta correcta que tenía que hacerme en esos momentos. Esa pregunta no me llevaría a ningún lado; por el contrario, me dejaría estancada en un lugar de poca conciencia, de poca empatía y posiblemente de frustración ante la situación.

¿Cuál era entonces la pregunta qué tenía que hacerme? ¿Cuál era la pregunta que me conectaría con mi verdadera esencia, con la persona que tenía que ser en esos momentos? ¿Cuál era la pregunta que me ayudaría a tomar perspectiva y conectar con algo más elevado e importante?

Nuevamente, me hice esta pregunta: **¿qué es importante aquí que no estoy viendo?**

Lo importante era que mi hijo estaba feliz, que era su momento, que era su gran día, que necesitaba de esa salida mucho más de lo que yo necesitaba de mi egoísta descanso. Vi que tenía que compartir con él su felicidad, porque al final del día su felicidad es la mía. Vi que tenía que mostrarme igual de entusiasta y centrar toda mi energía en todo lo positivo que esa tarde traería. Vi que tenía que enfocarme en su alegría, en sus sonrisas, en compartir con él cada minuto de ese día.

Y así fue. **Gracias a esa pregunta poderosa, en un instante pude cambiar mis pensamientos y, por ende, mis actitudes y comportamientos.** Pasé una muy linda tarde, aligeré la carga y me dejé llevar por su corazón lleno de inocencia, por su forma de ver la vida, agradeciendo profundamente por lo que ese día aprendería.

"¿Qué es importante aquí que no estoy viendo?" es una pregunta que debe guiar tu carrera profesional y tu vida. Es una pregunta que te invitará a buscar otras soluciones por encima de tu ego y de tus propios intereses. Es esa pregunta que, en momentos de crisis, en momentos difíciles, te tienes que hacer incluso confrontándote a ti mismo respecto a tus creencias y limitaciones. Así mismo, es una pregunta que puedes hacer a tu equipo de trabajo cuando veas que pierden la visión o la alineación con los objetivos que son verdaderamente importantes.

Segunda pregunta: ¿Qué dice de ti el que reacciones así?

Pensar que así eres, porque así eres y porque así te gusta ser, le guste a quien le guste, es una manera muy pobre de ver tu liderazgo ¡y tu vida! En mi experiencia, asesorando y entrenando a líderes de diferentes partes del mundo he constatado cómo todos, evidentemente, han logrado grandes cosas; pero, a su vez, cómo todos, absolutamente todos, tienen áreas de oportunidad en las cuales pueden mejorar y transformar su carrera y su liderazgo.

En una ocasión, me encontraba en la sala de juntas con un directivo. Por temas de confidencialidad, usaré un nombre ficticio: Manuel. Manuel había citado a su equipo a cierta hora. Poco a poco fueron llegando todos, unos más a tiempo que otros. Empecé a percibir cómo Manuel comenzaba a ponerse nervioso y muy molesto por la impuntualidad de sus colaboradores. Tan pronto estuvieron todos, Manuel explotó y descargó todo su enojo contra cada uno de ellos; reiteró lo importante que era ser puntuales, mientras añadía algunos otros adjetivos calificativos hirientes y desproporcionados.

El equipo se sintió lastimado y humillado. Tengo que confesar que fue difícil sacar la reunión a flote, dado que la energía del grupo estaba por los suelos y su actitud se tornó resistente y poco colaborativa.

Al finalizar la reunión, me acerqué a Manuel y le pregunté:

—¿Qué dice de ti que reacciones así?

—¡Ay, Brigitte, tú siempre con tus preguntas! —me contestó y salió caminando rápidamente rumbo a su oficina.

Días después nos volvimos a reunir, se acercó conmigo y me compartió lo siguiente:

—Estuve pensando en la pregunta que me hiciste. Creo que dice de mí que soy intolerante y poco paciente en temas de impuntualidad. Definitivamente creo que tengo que cambiar mi reacción porque no nos llevó a nada bueno en la reunión; por el contrario, me dejé ganar por la emocionalidad y no solo afecté al equipo, sino también mi proyección como líder.

—¿Y qué puedes hacer al respecto? —le pregunté.

—Me parece que lo primero es disculparme con mi equipo por mi reacción. También creo que tengo que anticipar estas situaciones para que no sucedan. Por ejemplo, puedo enviarles un correo asegurándome de que sepan la importancia de llegar puntuales. Quizá incluso podemos dar algún tipo de reconocimiento o hacer un juego interno en el que se motiven a estar a tiempo. Por último, puedo trabajar en ser más tolerante y paciente —concluyó.

En alguna otra ocasión, Sandra, una directiva de alto rango a quien estaba brindando *coaching*, me comentó que llegaba a casa muy cansada después de su jornada laboral y que, inevitablemente, cualquier cosa que pasaba tan pronto cruzaba la puerta de su casa podía ponerla molesta, a la defensiva e incluso agresiva con sus hijos.

—Entro a mi casa, Brigitte, y siento que se me cae el mundo encima. Veo a mis hijos sin haber hecho la tarea; encuentro la casa desordenada; tengo que hacer la cena, y, para colmo, sigo recibiendo llamadas de mi trabajo que no puedo dejar de contestar. Tristemente, la última vez estaba tan irritada que me desquité con uno de mis hijos y lo traté de un modo del cual hoy me siento muy arrepentida.

—¿Qué dice de ti que hayas reaccionado así? —le pregunté.

Tardó en contestar. Parecía que esa pregunta le estaba dando vueltas en la cabeza y estaba llegando a lugares importantes que no había explorado antes.

—Dice de mí que no soy la persona que quiero ser, que no soy el buen ejemplo que quiero dar a mis hijos.

—¿Y qué puedes hacer al respecto? —añadí.

—Definitivamente tengo que organizarme de mejor manera. Tengo que planear mejor mis actividades y tener un mayor control de mi vida personal y laboral. Quiero pasar más tiempo de calidad con mis hijos y no lo estoy haciendo. Todo esto hace que me sienta mal y que explote. Tengo que disculparme con mis hijos y estar más al pendiente de ellos, aun cuando estoy en el trabajo. Debo saber que llegar a casa implica otro tipo de retos y tengo que estar preparada para ello, pero siempre desde un lado más positivo y no con el nivel de estrés que he manejado hasta ahora.

"¿Qué dice de ti el que reacciones así?" es una poderosa pregunta que te puedes hacer cuando estés atrapado en una emoción o en una versión de ti mismo que no sea la mejor. Si estás lo suficientemente abierto para recibir información que te permitirá ser un mejor líder y persona, estoy segura de que la recibirás.

En ocasiones esa reacción es consecuencia de un paradigma, una creencia o algo muy arraigado con lo que has vivido y que piensas que es lo correcto o la única verdad, pero no siempre es así.

Se requiere de humildad para reconocer que a veces tus reacciones son motivadas por el ego, la soberbia, la prepotencia, el egoísmo, la inflexibilidad. Reaccionas así porque es la reacción que conoces y crees que es la verdad, pero no siempre esa reacción es la más conveniente, ya que puede dañar tu credibilidad y tus relaciones con los demás.

En otras ocasiones, reaccionas así porque las circunstancias no fueron las más convenientes y suscitaron en ti un comportamiento que pudiera incluso convertirse en un patrón de conducta: "siempre que sucede X reacciono con Y". Como persona y como líder debes de estar alerta y ser consciente de ello, anticiparte, cuestionarte y autorregularte.

Esta pregunta te permite ser consciente de la emoción o del detonador que suscita una reacción y te habilita para frenar el proceso en el que la emoción desencadena un estado de ánimo. Recuerda: una emoción dura tan solo 90 segundos, pero si no se autorregula puede desencadenar un estado de ánimo del cual es más difícil salir.

Tercera pregunta: ¿Qué es lo correcto que tengo que hacer?

Imagina que llegas un lunes temprano a tu oficina, abres tu bandeja de entrada y ves un correo de uno de tus jefes. Dice que es urgente que te presentes en su oficina porque se suscitó un fuerte enfrentamiento con uno de los clientes más importantes de la compañía y, al parecer, fue por un fallo de tu equipo.

Posiblemente en ese momento tu corazón comience a latir con fuerza, empieces a transpirar más de lo normal, te dé vueltas la cabeza y, bueno, tu cuerpo te mande muchas otras señales.

Tú, en ese estado de alerta —"dentro de la caja"—, decides contestar defendiéndote y culpando a otro departamento. Inmediatamente das clic y mandas el mensaje con copia a algunos otros directivos.

Demasiado precipitado, ¿cierto? ¡Por supuesto! En estas situaciones, yo te invito a hacerte la siguiente pregunta: **¿qué es lo correcto que tengo que hacer?** Esta pregunta te ayudará a hacer un alto, tomar una pausa para analizar y pensar diferente.

Seguramente estás pensando: "¡Es que no siempre se puede, Brigitte! Hay ocasiones en que hay que tomar decisiones rápido y contestar con esa misma rapidez". Lo entiendo perfectamente, pero date la oportunidad de poner un freno de mano mentalmente y preguntarte lo siguiente:

¿De verdad lo correcto es actuar desde el enojo? ¿Es correcto desenvainar la espada y pelear esta discusión? ¿Es correcta la respuesta que estoy dando como líder?

Si te fijas, el simple hecho de darle un voto de confianza a esas preguntas te permitirá tener una gama de opciones, diferentes a cualquier reacción predecible.

En mi vida personal, me gusta mucho hacerme esta pregunta para ser un buen ejemplo como mamá. Cuando mis hijos me "meten en la caja", siempre me pregunto: "**¿Qué es lo correcto que tengo que hacer en estos momentos?**".

Esta pregunta me ha permitido tener altos estándares del ejemplo que quiero que ellos vean en mí. Me ha detenido en discusiones que no me llevarían a ningún camino y me ha permitido actuar con congruencia sobre lo que creo que es adecuado que ellos repliquen y hagan en la vida.

Procura nunca reaccionar cuando estés "dentro de la caja". Tomar una pausa, respirar siendo consciente de ello, dar un tiempo para que las cosas se calmen o hacerte las preguntas correctas puede ayudarte a actuar desde ese liderazgo auténtico e inspiracional que todos tenemos. Actuarás, entonces, desde quien quieres ser: el ejemplo a seguir en el cual te quieres convertir.

Cuarta pregunta: ¿Cuál es la verdad detrás de todo esto?

En una ocasión, un importante buró de *speakers* me invitó a dar una conferencia para un cliente suyo en Los Cabos, Baja California Sur, México. Se trataba de un foro muy grande. Iba preparada, como siempre. Antes de iniciar el evento, me mostraron el lugar donde se iba a realizar la conferencia. Resultó que era la terraza de un bar abierto, con unas sillas tipo *lounge* y unas pantallas muy pequeñas ubicadas en diferentes sitios. ¿La hora de la conferencia? Nueve de la noche.

Enseguida, mi intuición me dijo: "Esto no va a salir bien". No era el lugar, ni la hora apropiada, ni estaban los recursos adecuados. Mi razón me decía: "Vienes preparada. Lo has hecho muchas veces. No pasa nada. Tranquila. Todo está bajo control".

Cuando llegó el momento, me cambié de ropa y me dirigí a la terraza del bar. La audiencia ya estaba medio enfiestada porque se había dado luz verde a la barra libre.

Empecé a dar mi conferencia y todo se tornó complicado: las personas estaban ya cansadas por la hora y preferían irse al bar por una bebida que escuchar a una conferencista; el acomodo de los asientos no era el adecuado, dado que a muchos de ellos, en ciertos momentos, les daba la espalda; el lugar era abierto pero la gente estaba muy apretada y se sentía muchísimo calor; las pantallas eran tan pequeñas que nadie podía ver las imágenes ni el contenido que se estaba proyectando. Fue la conferencia más difícil y, a la vez, la que me ha generado mayor frustración de todas las que he dado. Llegué a mi habitación y pensé: "Esta ha sido mi peor experiencia profesional como conferencista". Sentí que me desmoronaba.

Y fue ahí donde rescaté el momento con una buena pregunta: **¿cuál es la verdad detrás de todo esto?**

Con todo el afán por aprender, comencé a analizar cada una de las cosas que habían pasado. La verdad era que no había escuchado a mi intuición lo suficiente como para manifestar mi inquietud sobre el lugar, la hora y los recursos para dar mi conferencia. No había sabido decir que no cuando en ese momento era importante hacerlo. La verdad era que me había confiado de más y había expuesto enormemente mi carrera como conferencista y mi marca personal. Y, también, la verdad era que desde mi lugar y mi profesionalismo había dado lo mejor de mí ya estando ahí.

A raíz de esta verdad y de esta experiencia, aprendí que debes subirle el volumen a tu intuición lo más que puedas. Tienes que escuchar tus verdades. De acuerdo con el *HeartMath Institute*, nuestro corazón tiene alrededor de 50 mil neuronas. Es decir, tu corazón es inteligente, te manda señales constantemente y es capaz de tomar decisiones de naturaleza rápida e intuitiva. Por eso utilizamos la expresión "me late" o "tengo una corazonada"; no decimos "tengo una riñonada".

Tienes que escuchar a tu corazón para poder desarrollar la intuición. Por eso siempre digo que al corazón hay que subirle el volumen, porque cuando logramos coherencia entre lo que dice nuestro corazón y lo que dice nuestro cerebro establecemos un campo electromagnético de 360°, dentro del cual nos movemos con plena conciencia de quiénes somos, qué queremos y cómo lo lograremos.

También aprendí a poner ciertos límites y saber decir que no con firmeza de carácter.

Hacer un análisis de las situaciones o momentos que vivimos, permitiéndonos encontrar información desconocida a través de la pregunta **¿cuál es la verdad detrás de todo esto?**, es de vital importancia.

Siempre vas a encontrar alguna verdad que posiblemente no habías querido enfrentar o reconocer. Siempre hay algo más allá de eso que es obvio o evidente. **Siempre hay un sentimiento arraigado, un área de oportunidad, una decisión que no has querido abordar, una actitud que tienes que cambiar o una habilidad por desarrollar.**

Quinta pregunta: ¿Qué decisión me da más paz?

En los comienzos de MERKATUA®, conocí a Kamal Hassan en una certificación que hice en Estados Unidos. Kamal, un consultor palestino radicado en Dubái había creado una empresa llamada *Innovation 360º* en los Emiratos Árabes Unidos. Hablamos muy poco durante el entrenamiento; de hecho, jamás pensé que un día, mientras iba en el coche, recibiría una llamada de él. Me orillé para estacionarme y poder atender la llamada en forma.

—Me gustaría que facilitaras una sesión de LEGO® SERIOUS PLAY® aquí en Dubái —me dijo.

—Por supuesto, *yo me encargo* —le contesté.

Cuando colgué, todo me dio vueltas. Sin lugar a duda, no era la persona que soy hoy, pues estaba apenas comenzando. Además, ¿quién era Kamal Hassan?, ¿qué tan serio podría resultar todo esto?, ¿cómo sería facilitar en otro idioma y en otra cultura tan, pero tan distinta?

Tanto Carlos como mis papás me dijeron: "Ve. Nosotros nos encargamos aquí de todo". Y, así, empaqué mi maleta para vivir una experiencia que cambió mi vida.

Trabajar en Medio Oriente me abrió el horizonte. Me permitió adquirir experiencia como facilitadora ante foros a los que nunca había estado expuesta. Me armé de valor para liderar grupos con árabes anglófonos y con una metodología innovadora y lúdica. Fue un reto que disfruté.

Kamal fue un mentor para mí. Me invitó cuatro veces más e insistió en que me quedara a trabajar con él en su empresa.

—Estoy convencido de que eres una persona que puede dar cursos de lo que sea. Eres una gran facilitadora —me dijo saliendo de alguno de los eventos.

Esas palabras retumban en mis oídos desde ese día y me dan fuerza para continuar con lo que hago.

En mi penúltimo viaje a Dubái, había aceptado irme por tres semanas. Esas tres semanas se hicieron largas, muy largas. La distancia me comenzaba a pesar y mis días se consumían al sentir que algo no me daba paz. Extrañaba a mi familia.

Cuando llegué al aeropuerto de regreso de ese viaje y vi a Ander de dos añitos correr a abrazarme, supe que nunca más, fuera lo que fuera, aceptaría un proyecto que me alejara tanto tiempo de mis hijos mientras ellos fueran pequeños, porque ahí estaba mi paz. **Decidí que la paz sería el valor más importante en mi vida. No haría ni aceptaría nada que no me diera paz.**

Años después, bajo un ritmo exacerbado de trabajo, me disponía a viajar a La Paz, Bolivia, para dar unas conferencias. Esto implicaba estar una semana fuera de casa. Sumado a eso, me habían invitado a ir por parte de HSBC a Hong Kong. Esto implicaba estar tres semanas fuera de casa.

Karina, *Head of Learning* de Latinoamérica en HSBC, insistía en que fuera. La oportunidad era por demás tentadora.

Mi corazón nuevamente se encontraba en una gran encrucijada: ¿voy o no voy?

Pensaba en los tantos viajes que hice a Dubái y en ese último viaje en el que pensé en mi familia y lamenté no estar con ellos.

Ya sabía lo que implicaba estar por varias semanas fuera. Mi razón me decía que no podía dejar ir aquella oportunidad laboral y pasé varias noches dándole vueltas, hasta que un día me pregunté: "**¿Qué decisión me da más paz?**".

Y la respuesta fue contundente. Salió del fondo de mi corazón: "No voy a ir a Hong Kong".

Fue una decisión difícil porque se trataba de mi proyección como consultora dentro de ese importante banco. Curricularmente me iba a sumar mucho. Todos a mi alrededor insistían en que me fuera (incluso mis hijos parecían aprobar el viaje). Además, hubiera sido muy interesante conocer la cultura de Hong Kong. Pero al final fui congruente con mi sentimiento o valor fundamental, lo que es más importante en mi vida. Me decidí por la paz y eso me dio paz.

Cuando te hagas esta pregunta, vas a sentir claramente cómo se libera una gran carga. Es como si de pronto tomaras un respiro profundo que no has tomado o contemplado.

Esto trae a mi mente cuando viajé a Toronto para asistir al *Personal Mastery Academy* de Robin Sharma. Fue un evento de tres días en donde el autor de libros como *El monje que vendió su Ferarri* y *El club de las 5am* compartía con nosotros modelos, estrategias y técnicas para potenciar nuestro liderazgo. En el evento había más de 300 personas de todos los países que te puedas imaginar. También había un grupo selecto de empresarios y gente importante que tenían lugares y trato preferencial. No sé cómo ni por qué terminé sentada a la hora de la comida en una de esas mesas. Me di cuenta cuando empecé a ver los nombres de todos con su gafete que decía en tipografía Arial Bold de 48 puntos **"VIP"** (*very important person*).

Al lado de mí estaba un empresario muy importante de Estados Unidos con su hijo de aproximadamente 20 años, que lo acompañaba al evento, para que —en palabras del padre empresario— aclarara su mente sobre su futuro y las decisiones que tenía que tomar sobre su carrera profesional.

El hijo me contó que era jugador de *hockey* profesional, jugaba para un equipo alemán y estaba fichado para continuar su carrera en el *hockey* como una de las grandes estrellas de ese deporte. Por otro lado, estaba en el dilema de empezar una carrera universitaria o no.

La gente en la mesa opinaba sobre lo que debía hacer y cuál era el camino que debía seguir. Algunos externaron sus ideas con más entusiasmo, firmeza o incluso con preguntas que parecían presionar más al joven para que tomara una decisión.

Me mantuve escuchando casi todo el tiempo. Veía en la cara del muchacho que nada de lo que le habían dicho lo había ayudado; por el contrario, parecía que estaba más confundido. Cuando ya habíamos terminado de comer el postre y la mayoría de las personas en la mesa se estaban levantando para regresar al salón, lo vi a los ojos y le pregunté: **"¿Qué decisión te da más paz?"**.

Pude ver en sus ojos el respirar de su alma.

Al día siguiente, su padre, el mega empresario millonario, me buscó entre todas las personas y me dijo: "Te he buscado durante todo el día. Me da gusto haberte encontrado. Quiero agradecerte por lo que hiciste con mi hijo. Gracias a tu pregunta se le aclaró el panorama y tomó una decisión con la que se siente seguro y, sobre todo, feliz". Me dio su tarjeta y se fue. No supe más de ellos, pero estoy segura de que la decisión que tomó fue la mejor.

Tomar decisiones desde esta pregunta te permitirá preponderar la armonía y la estabilidad en tu vida. Gastamos mucho tiempo, esfuerzo, recursos y atención en cosas que no tienen un impacto positivo.

A veces ponemos en alto valores con los que ni siquiera congeniamos.

A nivel laboral, también me he dado cuenta de que **muchas veces hay proyectos tan pobres que lo único que te dejan es dinero y el robo absoluto de tu tranquilidad y tu paz.**

Saber con qué decisiones te sientes bien no tiene que ver con no salir de tu zona de confort o ser mediocre en tu decisión. ¡Que no se confunda, por favor! Por el contrario, es darle prioridad a un valor que en muchas ocasiones dejamos en un cajón, por no saber decir que no, por ambición, por miedo.

La paz es algo que tenemos que buscar en nuestra vida, porque desde ese lugar podemos generar más ideas, reflexionar, proponer, solucionar. Valora tu paz.

Preguntas de reflexión:

- ¿Qué es importante aquí que no estoy viendo?
- ¿Qué dice de ti que reacciones así?
- ¿Qué es lo correcto que tengo que hacer?
- ¿Cuál es la verdad detrás de todo esto?
- ¿Qué decisión me da más paz?

De la intención a la acción:

- Durante la siguiente semana, identifica aquellos detonadores que te meten en la caja.

- Dependiendo de la situación, hazte alguna de las cinco preguntas para tomar perspectiva.

- Analiza y reflexiona.

- Toma la decisión de actuar y elegir un comportamiento desde fuera de la caja que conecte con tu mejor versión.

> *En una conversación, no siempre tienes que mostrar lo que sabes. Hay veces que la otra persona no necesita de una mente brillante; solo quiere sentirse escuchada y valorada.*
>
> Brigitte Seumenicht

4

Acorta
brechas

Súbete al coche y maneja

Tengo un recuerdo muy vivo de cuando era adolescente. Durante muchos años mi mamá me llevó todas las tardes a mis clases de danza. Desde que salíamos de casa hasta que llegábamos a la academia hacíamos 25 minutos.

Había días que no quería ir. Tenía flojera, prefería quedarme en mi casa y mi mamá siempre me decía: "Vamos. Te hace bien". Al final, a esa edad no era muy consciente del beneficio que me podía hacer el ejercicio, pero había algo, algo de lo que sí me daba cuenta: íbamos a poder conversar ella y yo sin interrupciones. Íbamos a **estar presentes.** Sí, así tal cual. Valoraba ese tiempo que pasábamos juntas en el coche, hablando. He pensado muchas veces: "¿Qué me llevó a tener una relación tan cercana con mi mamá?". Y estoy segura de que gran parte de ello fue que durante una etapa de mi vida muy importante (la adolescencia) mi mamá me dijo entre líneas: "Súbete al coche que aquí estoy. Te quiero escuchar". Y eso era, en el fondo, lo que sí me hacía mucho bien.

Me entristece mucho ver cómo es que hemos perdido el entusiasmo de escuchar y conocer a los otros.

Curiosamente esta práctica la llevo ahora a cabo con mis hijos, y me he dado cuenta de que todo trayecto es valioso. Cuando vamos en el coche, procuro conectar con ellos y hablar de cosas importantes. No sé, pero me da la impresión de que nos escuchamos más, o al menos es lo que yo sentía con mi mamá.

Ahora bien, ¿cómo puedes aplicar todo esto en tu vida profesional y personal?

Hay tres cosas que quiero rescatar y que espero que sean buenas prácticas, por demás reveladoras, para ti.

No siempre tienes que ir tú al volante en todo. A veces creemos que nuestra labor como colaboradores, líderes, padres de familia o compañeros de vida es tener todas las respuestas. Creemos que si la gente viene a nosotros es para encontrar solución, obtener información y que le demos todas las respuestas. El problema es que si tú tienes siempre la solución final, la última palabra, el mando al volante, "desempoderas" a la gente para que piense y tome sus propias decisiones. En ocasiones, hay que hacer más preguntas en lugar de dar más soluciones y ayudar al otro a que se anime a desarrollar sus propias habilidades para abordar un problema, para encontrar caminos que le lleven al destino final. Eso es poderoso; es decirle al otro: "¡Súbete al coche! Aquí estoy. Tú maneja". Quizá tú tienes la mejor solución, no lo dudo, pero no inhabilites al otro en su propia posibilidad de encontrar soluciones, de hacerse responsable de lo que decide y sobre todo de expresar lo que hay en su cabeza a partir de su propia experiencia.

Haz sentir al otro que estás a su lado. Lo digo de forma literal y metafórica. En un sentido literal, te invito a que hagas el siguiente experimento. La próxima vez que tengas que revisar algo con alguien en una reunión, siéntate a su lado y vean desde el mismo ángulo las cosas. Pero no solo eso; permite que la otra persona te sienta de su lado. ¿Suena raro? Sí, tal vez, e incluso puede ser extraño, pero es increíble la diferencia a nivel energía que esto puede producir. En lugar de vernos a los ojos muchas veces como contrincantes, vamos a ponernos los dos en el mismo lugar viendo lo mismo, construyendo ideas juntos. Y, en un sentido más metafórico, te diría que tiene que ver con la empatía que generas cuando te pones del lado de la otra persona, con la gran conexión que puede experimentar esta persona cuando te siente cercano y, por último pero no menos importante, con la confianza que da saber que alguien va a tu lado, a tu ritmo, acompañándote más que jalándote o empujándote.

Alguna vez en una charla escuché a Simon Sinek, reconocido escritor y creador del concepto "El círculo dorado", contar lo siguiente:

No es lo mismo que como padre de familia le digas a tu hijo adolescente: "Hijo, tu mamá y yo nos sentimos muy preocupados por tu desempeño y tu motivación. Por favor, entra a este *link* y haz una breve encuesta para evaluar cómo podríamos ser mejores padres y ayudarte"; a que vayas a su habitación, te sientes a la orilla de su cama, le pidas que se siente al lado de ti, lo abraces y le digas: "Hijo, tu mamá y yo nos sentimos muy preocupados por tu desempeño y tu motivación. Quiero escucharte, estoy aquí a tu lado. Por favor, dime cómo podríamos ser mejores padres y ayudarte".

Es el mismo objetivo con diferente intención. ¿Te das cuenta?

Haz sentir al otro que estás a su lado, que te interesa, que te importa, que lo escuchas; hazlo sentir visto y apreciado siempre.

Estar presente. Muchas veces estás, pero no estás. Ya sé que lo que menos tienes es tiempo, pero en ocasiones no necesitas de tanto para lograrlo. Soy una gran promotora de tener conversaciones y espacios uno a uno con la gente de tu equipo (y de tu familia).

En un evento de *Growth Institute* en la Ciudad de México, conocí a Jim Sheils, autor del libro *The Family Board Meeting*. Después de su ponencia, me acerqué a él y le pedí que me diera un solo consejo sobre paternidad, a lo que me dijo:

—Si tuviera que darte un solo consejo sobre paternidad, sería este: pasa tiempo uno a uno con cada miembro de tu familia.

Me gustó tanto la idea y se me quedó tan grabada que días después llegué a mi casa convencida de implementar esta nueva práctica tanto con mis hijos como con Carlos. Pasar tiempo uno a uno con cada uno.

Luego, lo llevé un poco más lejos y les anuncié a mis hijos que cuando cada uno cumpliera diez años me iría con ellos en un viaje uno a uno a donde ellos eligieran.

Con Ander tuve oportunidad de irme a Naples, Florida, por dos semanas, él y yo solos. Ander decidió el destino porque ahí se encuentra la Academia de Tenis de Sánchez Casal y, a su corta edad, ya es un tenista de alto rendimiento, así que aprovechó para ir a practicar.

Fue un viaje tan bonito: por las mañanas entrenaba y por las tardes íbamos al mar. Nos concentramos tanto en estar el uno para el otro, de forma tan presente, que los recuerdos se quedaron impregnados en mi corazón. Llevé un diario de todos los días que estuvimos ahí; anoté frases, conversaciones, experiencias y cosas que me llamaron la atención.

Un día, casi al final, mientras veíamos el atardecer a la orilla del mar, me dijo:

—¿Te digo qué nos hace falta en estos momentos, mamá?

—¿Qué?

—Un Luken... La vida es más divertida con Luken.

Me dejó pensando cómo, **aun cuando es importante estar individualmente con aquellos que amas, no debes olvidar y reconocer que eres en esencia la suma de todos juntos.**

En tu trabajo, puedes iniciar tus conversaciones uno a uno con una pregunta de interés genuino hacia el otro. Puedes incluso tener un uno a uno exclusivamente para asegurarte de que la otra persona se sienta vista, escuchada y valorada por ti. Puedes salir a comer con alguien de tu equipo; puedes salir a caminar por los pasillos de tu empresa con alguien solo para hablar, o puedes hacerlo como lo hacía mi mamá: tomar el coche y manejar.

Por supuesto que la disciplina de ir todas las tardes a mis clases de danza me dejó mucho en la vida, pero lo que más recuerdo de esa época fue **el sentimiento tan profundo de conexión, empatía y amor que me dejó subirme al coche y que mi mamá manejara, dejándome elegir el camino de mi vida.**

No siempre se trata de ti

Hace algunos años me invitaron a hacer una presentación de un proyecto de Experiencia del Cliente con Palacio de Hierro. Era una invitación que agradecía y que me llamaba muchísimo la atención.

Estaríamos en un proceso de licitación compartiendo la oportunidad con otras empresas y proveedores. Durante días trabajé en hacer la presentación perfecta: desarrollé el contenido, mandé hacer materiales y diseñamos una presentación visual espectacular. De verdad, no perdí detalle. Estaba convencida de que, si íbamos a vender un programa de esa magnitud, que consistía en un entrenamiento para todo el personal, había que ser ejemplo de excelencia, dinamismo, energía y entusiasmo.

Por fin llegó el día de la presentación. El momento ameritaba esmero en la imagen personal, por lo que me compré ropa acorde con la imagen que deseaba proyectar y llegué más segura que nadie, sabiendo que teníamos una propuesta ganadora.

A la presentación llegaron tres mujeres, entre ellas la directiva principal, quien dentro de su apretada agenda se estaba dando el tiempo para recibir a los diferentes proveedores que competían por la cuenta.

Llegó nuestro turno. Corre tiempo: tienes treinta minutos para convencernos de que tú eres la opción que debemos contratar.

Hablé, hablé y hablé. Les hice todas las dinámicas que habíamos planeado mi equipo y yo. No podía fallar. Curiosamente durante esos treinta minutos sentía en el fondo que no estaba logrando conectar.

Cuando nos despedimos me dijeron que estaba divertido, que estaba bonito, que se notaba el esfuerzo, y pasaron al siguiente proveedor.

—En unos días les haremos saber cómo les fue.

Salimos y había algo todavía que no me dejaba tranquila. No sé por qué me pasa esto, pero me pasa. Supongo que es la intuición. En el coche, durante el camino de regreso, sentí que no se iba a dar y que había cometido algunos errores por centrarme en lo táctico y no en lo estratégico.

Una semana después, mi intuición no falló. Nos comunicaron que no seríamos la empresa con la que iban a trabajar ese proyecto.

Normalmente me tomo con filosofía este tipo de decisiones. Sé muy bien que para que se dé un sí tiene que haber unos cuantos no; por lo tanto, me ayuda pensar que, sea lo que sea, "todo es para bien".

Sin embargo, ese proyecto sí me dio tristeza perderlo, y lo perdí por ser táctica, operativa, en vez de estratégica. **Ser táctico es no escuchar, es hablar, es salpicar ideas, es pensar en ti. Ser estratégico, en cambio, es hacer las preguntas correctas para obtener las respuestas que te llevarán a un plan de acción y un resultado ideal.**

Debí dejar hablar al cliente. Se trataba de él, no de mí. Yo estaba ahí para resolverle un problema y para ello tenía que mostrar interés en lo que estaba solicitando. Las preguntas que debía haber hecho eran:

¿Qué te lleva a tomar la decisión de hacer esta inversión?
¿En qué situación estás hoy y en dónde te gustaría estar?
¿Cómo vas a saber que se cumplió el objetivo?
¿Cómo vas a medir el éxito de esta inversión?

En lugar de eso, yo me enfoqué en que vivieran una experiencia increíble a través de las dinámicas, ejercicios y materiales que tenía preparados. Me concentré en las tácticas y olvidé la estrategia. ¿Cómo me di cuenta? Porque no dejé hablar al cliente, me centré en hablar lo más que pude durante treinta minutos y no me interesé por su necesidad, la cual para mí estaba implícita. No pregunté ni construí un objetivo común con ellos. Fue una sesión de "mi empresa es", "mi empresa hace", "mi empresa te puede ofrecer", "mi empresa te genera esta experiencia". Dejé por fuera las preguntas "¿y tú qué quieres?", "¿a qué te enfrentas hoy?", "¿a dónde quieres llegar?".

No quisiera que esta historia que te acabo de compartir pase desapercibida; es muy poderoso saber que muchas veces en tu vida profesional y personal debes de centrar tu mirada, tu intención, tu escucha, tu voluntad en entender al otro, en conocerlo, en reconocerlo, en hacerle sentir que estás ahí porque te interesa ayudarlo.

El impacto de escuchar

Piensa por un momento y responde a la siguiente pregunta: ¿quién es la persona que más te escucha en tu vida?

He escuchado respuestas de todo tipo, incluyendo Dios, mi pareja, mi hijo de seis años, ¡mi perro! O incluso *nadie*.

De manera muy frecuente, como seres humanos, no escuchamos lo suficiente.

Ahora bien, ¿qué tan buen escucha eres tú en la vida de los demás?

Cuando estamos en una conversación nos cuesta callar nuestra voz interior. La otra persona está hablando y nuestra mente está haciendo un sinfín de fechorías, entre ellas juzgar, criticar, comparar, resolver, anticipar, solucionar o simplemente distraerse.

Algunos ejemplos:

Un amigo te quiere contar lo terrible que es su jefe y tú inmediatamente saltas con una frase como "¡Ufff! Deberías conocer al mío. El otro día vieras lo que me dijo". Y haces que la conversación se centre en ti y no en el otro. No escuchas.

Tu pareja llega por la noche después de un día cansado de trabajo y te comenta una situación difícil que vivió con un colaborador. Inmediatamente saltas con la solución: qué es lo que tendría que hacer y cómo podría actuar. Te conviertes en el solucionador de una situación en la que tu pareja posiblemente solo necesitaba ser escuchada y que la ayudaras a encontrar sus propias respuestas. No escuchas.

Tu compañero de trabajo te comenta sobre un error que cometió en la empresa y tu mente inmediatamente empieza a juzgar y criticar las acciones que hizo, pensando que tú lo hubieras hecho distinto. No escuchas.

¿Cuál crees que es el impacto que esto genera en la otra persona? Es muy simple: no se siente vista, ni escuchada, ni respetada, ni valorada.

¿Te imaginas entonces cuál será el impacto que esto tiene en tu proyección de carrera? ¿Qué sucede con aquellos líderes que no escuchan? ¿Cómo son percibidos a nivel profesional? ¿Cómo te has sentido tú cuando no eres escuchado por alguien en tu trabajo?

Te propongo que la próxima vez que estés con alguien procures bajarle el volumen a tu voz interior utilizando las siguientes herramientas:

Playback. Intenta capturar algunas frases, conceptos, emociones o valores que la otra persona te está compartiendo y repítelos. Esto te obligará no solo a estar más presente y atento, sino también a hacer sentir a la otra persona que estás escuchando con atención. Si alguien te dice: "Es que estoy muy enojado con lo que sucedió en el último proyecto en el que no pudimos entregar los resultados esperados"; tú dices: "Entiendo que estés enojado. La entrega de resultados era importante para ti".

Al principio te vas a sentir extraño haciéndolo, pero créeme: es cuestión de práctica, solo práctica. Una vez que lo incorporas como una buena herramienta para estar presente y escuchar se convierte en un estilo de conversación que te permite llegar más lejos.

Ve a los ojos. Aun cuando pareciera una lógica aplastante y parte del sentido común que todos tenemos, me parece que lo hacemos cada vez menos. Estamos "escuchando" mientras vemos el celular, la computadora o la televisión; nos movemos de un lado a otro y no contactamos a nivel visual. ¿Has estado en alguna reunión por Zoom en donde la gente está haciendo otras cosas? ¿Qué has sentido cuando estás exponiendo un tema y la gente está en su celular?

Pues precisamente a eso me refiero, a que no hay regalo más grande que le puedas dar a alguien hoy en día que verlo a los ojos, por más absurdo que parezca.

Piensa por un momento, ¿quién en tu equipo, en tu familia, en tu círculo de amigos o en tu trabajo te está pidiendo a gritos que lo voltees a ver? Siempre hay alguien que te necesita, y que quiere sentirse profundamente visto, escuchado y valorado.

Haz más preguntas abiertas iniciando con ¿cómo? y ¿qué?, en lugar de ¿por qué? Cuando abres una pregunta iniciando con ¿por qué?, es factible que la otra persona sienta resistencia, intimidación o se sienta amenazada. Fíjate en la diferencia. Es muy distinto que yo te pregunte: "¿Por qué estás enojado?"; a que te pregunte: "¿Qué hace que estés enojado?". Es una sutil diferencia que hace la diferencia. Implica que pienses bien la pregunta antes de hacerla y que la transformes en una pregunta que de verdad ayude al otro a ser mejor.

Tenemos que ser más intencionales en nuestra escucha, hacerlo con interés genuino, con buena voluntad. De nada sirven estas prácticas si en el fondo no te interesa hacerlo.

Lo que sí es relevante aquí es que, cuando tú escuchas con atención plena, potencias el impacto que tienes en los demás y que, sin lugar a duda, ayuda en tu crecimiento profesional y personal.

Hablar con asertividad

Hace unos meses tuve que entrevistar a varios gerentes de una *luxury brand* de joyería italiana muy importante a nivel internacional. La tarea era compleja y requería de dos horas de conversación en las que tenía que sacar un reporte de mi entrevistado y hacer un *role play*, entre algunas cosas más. Uno de los gerentes llegó tarde 15 minutos. Debo confesar que me sorprendió mucho que así fuera y no estaba ya del todo cómoda. A los pocos minutos, me comentó que tenía que atender un tema y se ausentó por 20 minutos, dejándome en línea, esperándolo. Esto ya no iba por buen camino.

Tenía tres opciones para abordar esta situación y debía ser inteligente respecto a cuál iba a elegir: a) decirle a su regreso que no pasaba nada y continuar con la conversación, b) enojarme y hacerle saber lo que estaba mal con su actitud, c) hablar con asertividad y manejar una conversación difícil con él. Decidí esta última: manifestar mi sentir sobre lo sucedido y mi preocupación por no completar el reporte que teníamos que hacer correctamente, y proponer una solución. Si no le hubiera dicho nada, posiblemente no me habría sentido cómoda con las siguientes interacciones, y si me hubiera enojado tampoco habría logrado mantener una relación saludable de cara al futuro.

—El hecho de que en esta sesión hayas llegado tarde y hayas interrumpido la entrevista está teniendo un impacto negativo en el resultado que tengo que dar. Te propongo que agendes con los coordinadores del proyecto una nueva fecha y les hagas saber mi resolución —fue mi comentario.

En ese momento, sentí que había hecho lo correcto y se me quitó un peso de encima.

La técnica que utilizo muchas veces para dar *feedback* y que me parece poderosísima es la de **SBI**™ (***Situation, Behavior, Impact***), desarrollada por *The Center of Creative Leadership*.

Situation (situación): ser muy claro y puntualizar en qué momento se manifestó el comportamiento. Ejemplos: en esta sesión, en nuestra reunión con los directivos, en nuestro reciente 1:1, durante la ejecución del proyecto.

Behavior (comportamiento): describir lo que observaste, no tus sentimientos, percepciones, ni impresiones. Ejemplos: saliste y entraste en repetidas ocasiones, utilizaste la palabra xyz, interrumpiste al cliente.

Impact (impacto): describir el impacto que el comportamiento tuvo. Ejemplos: el objetivo se perdió, el cliente se sintió fuera de la jugada, el equipo se desmotivó.

Esta técnica la puedes utilizar para dar *feedback* constructivo o incluso para dar un reconocimiento positivo sobre acciones y comportamientos que aprecias y valoras. Dar *feedback* con la mejor de las intenciones y desde la buena voluntad puede ser un regalo para quien lo recibe. Por otro lado, solicitar *feedback* y tener apertura para recibirlo también es un regalo que puede ayudarte a tener un mejor desempeño en tu carrera profesional.

Pon el foco en lo bueno

¿Qué hace que nos cueste tanto trabajo reconocer a los otros? Existe una infinidad de estadísticas que muestran la gran insatisfacción que sienten los empleados en su trabajo al no ser reconocidos o valorados.

De acuerdo con un estudio hecho por Gallup, el 67% de los empleados, cuyos líderes se enfocaron en sus fortalezas, se sintió más comprometido con su trabajo. Un estudio realizado por IBM's WorkTrends sobre 19,000 empleados en 26 países reveló que el nivel de compromiso de los empleados que recibieron reconocimiento fue casi tres veces mayor que el de aquellos que no lo recibieron.

Todos recordamos esos momentos en los que un jefe, un amigo, una pareja o un familiar nos ha hecho sentir que hemos hecho algo bien, que somos buenos, que tenemos una fortaleza.

Para acortar brechas con los otros, tenemos que ser capaces de observar con más detalle aquello que la otra persona hace bien, pero no solo eso, sino también decírselo.

Asegúrate de dar reconocimiento positivo de manera constante. Recuerda que no es solo un "¡qué bien lo hiciste!" o "¡te felicito!". El reconocimiento positivo debe tener las siguientes características:

- Darlo en el **tiempo** indicado: que sea preferentemente lo más cercano a la fecha de la acción.

- Que sea **específico**: no debe ser general sino acotado a un comportamiento, situación o acción.

- Que sea **significativo**: es decir, que sea relevante para quien lo recibe y que tenga sentido.

- Que sea **auténtico**: que implique hablar con franqueza y desde el corazón; que se sienta real, no forzado ni por obligación.

Manejar conversaciones difíciles

¿Cuántas veces te ha dado miedo enfrentar una conversación difícil? O, mejor aún, ¿cuántas veces has evitado una conversación difícil (aun cuando en el fondo sabías que lo correcto era afrontarla y conversar)? ¿Por qué le huyes a las conversaciones difíciles?

Hay situaciones en nuestra vida que ameritan una conversación difícil: cuando algo te incomoda, cuando algo no te gusta, cuando algo no te hace sentir bien, cuando hay que dar *feedback*.

Sin lugar a duda, es mejor comunicarlo que quedarse callado. Eso es ser asertivo.

Hay personas que aplazan mucho tiempo una conversación difícil, y esto las mueve a un lugar donde no están cómodos, no están contentos y no construyen relaciones sostenibles.

Las conversaciones son parte de nuestro día a día, parte de nuestra vida. Estamos en un continuo ir y venir de conversaciones para vender, convencer, llegar a acuerdos, planificar o coordinar. Sin lugar a duda, la calidad de nuestra vida se ve directamente influenciada por nuestra capacidad de manejar las conversaciones que tenemos con los demás, sean o no difíciles.

Alguna vez escuché que tener una conversación difícil marca el fin de algo y el comienzo de algo también. Pero entrar a la conversación es parecido a entrar a un túnel que nos llevará a un lugar que no sabemos cuál es; sin embargo, es algo que tendríamos que trabajar y saber manejar. Y es que, tanto en tu vida personal como profesional, es muy importante que seas capaz de gestionar el diálogo y las conversaciones para resolver problemas, inquietudes o malentendidos, así como para dar *feedback*, e incluso, por supuesto, para hacer que las cosas sucedan.

¿Cuáles son algunas recomendaciones para tener conversaciones difíciles? O piénsalo en términos de tener conversaciones constructivas, porque es cierto que desde que entra en tu mente la idea de que es difícil ya vas un tanto predispuesto, así que cambia tu diálogo interno.

Algo que sí o sí hay que considerar es la idea de **construir un espacio de confianza y respeto:** si entras en una conversación con la espada desenvainada, seguramente se generará mucho estrés y tensión. Si tu intención es provocar en el otro malestar, enojo o coraje, ten por seguro que te llevará más tiempo alcanzar un resultado positivo.

Borra de tu mente la idea de que la persona con la que hablarás es tu oponente, tu enemigo. No, no es así. Elimina esas ideas de "ahora me va a escuchar", "¿ah, sí?, pues ahora se van a enterar todos de quién soy en verdad" o "es que mi dignidad está de por medio, así que me van a conocer de malas". Eso es poco trabajo emocional.

Construir un espacio de confianza y respeto es hablar con buena intención, hablar con empatía, y también saber que podría ser aceptado o no lo que dices, pero que estás haciendo lo correcto para ti, sin dañar al otro. Es poner sobre la mesa lo que te incomoda, lo que te preocupa, lo que tienes que dejar libre, pero siempre desde el respeto, no desde la imposición, la manipulación ni ninguna otra emoción que no sea honesta, colaborativa, íntegra o sincera. Una cosa es pelearte con el otro sin importar las consecuencias y otra es aprender el gran arte de manejar un diálogo.

Es por eso que siempre debes entrar con una intención de algo, con un cuestionamiento profundo de lo que te gustaría que sucediera, con una anticipación de la posible reacción del otro y, lo más importante, con total respeto a lo que pueda decir o lo que pueda pasar, sin querer cambiarlo. Una pregunta que te debes hacer es ¿qué es lo que quieres lograr con esa conversación?

Mantente cómodo con las emociones incómodas. Esto tiene que ver con controlar tus emociones mientras se da la conversación, incluso de manera previa y posterior. Seguramente en algún momento has escuchado "es que me enganché con la conversación", "me ganó la emocionalidad" o "actué de forma muy visceral". Entrar a la conversación con la idea de que pasarás por un túnel sabiendo que después de eso habrá aprendizajes, reflexiones, sabiduría, cambio e incluso bienestar es una buena forma de serenar la mente y las emociones.

Mantenerte cómodo con las emociones incómodas no es fácil. En las conversaciones difíciles son muchos los elementos que se ponen en juego, entre ellos que te puedes llegar a sentir amenazado, lastimado o agredido, pero tienes que saber controlar tu emocionalidad.

Una buena recomendación es que centres la atención en tu respiración. Normalmente cuando tenemos una conversación difícil nuestro corazón se acelera y nuestro cuerpo se tensa, y eso desata un sinfín de respuestas físicas. De hecho, tu cuerpo es tan sabio que te está mandando muchas señales para que reconozcas la emoción que está por llegar. En términos de la inteligencia emocional, le llamarían autoconocimiento de tus emociones. Si empiezas a sentir que el corazón te late, que las orejas suben de temperatura y que tu espalda está encorvada o inamovible, entonces es buen momento para respirar y mandar mensajes positivos para lograr tener un mejor control. No es luchar contra mis manos que sudan; es aceptar que tu cuerpo está reaccionando pero que tu mente es capaz de controlar los mensajes y pensamientos para no desatar más caos.

Abre las puertas. Cuando entras en una conversación difícil, es importante tener en mente que tienes que soltar mucho el control de lo que puede o no suceder. Estás entrando a un lugar desconocido. Por más que creas tener todas las respuestas, los posibles escenarios o una habilidad innata para hacer que los otros te crean y se vayan felices, déjame decirte que todo puede suceder. Ahí está la magia o el gran reto, en saber que estás abriendo puertas que no conoces y que, aun cuando tengas un objetivo o miles de escenarios en mente, la conversación va a fluir como tenga que fluir y como tú permitas que fluya, para tu bien y para el del otro.

Esto tiene que ver con la apertura que muestres, con la flexibilidad para moverte de un lado a otro en la conversación y sobre todo con tu capacidad de escuchar de forma activa lo que el otro dice, antes que estar armando en tu mente la respuesta correcta para atacar o vencer.

Habla desde tu esencia. No te compres un personaje cuando tengas una conversación difícil, ni te vistas de alguien que no eres. No pretendas demostrar quien no eres en esencia. La transparencia, la autenticidad y el ser honesto son cosas que todos valoramos.

Algo que puedes hacer es sentar ciertas bases al inicio, como decir: "Quiero ser lo más respetuosa y honesta contigo. Si sientes que no lo estoy siendo, por favor, házmelo saber". Para conversar, debemos también pensar muy bien las palabras que utilizaremos. Piénsalas muy bien. Procura no hablar sin pensar, y mucho menos sin tener los suficientes argumentos o haciendo juicios desde una percepción.

Asume tu responsabilidad. Es sencillo ver lo que no es correcto en el otro, pero ¿de qué forma tú has contribuido a que esto suceda? Un buen ejercicio que puedes hacer es ponerte en el lugar del otro y verbalizar qué estará pasando por su mente, qué estará pensando o qué estará diciendo. Si haces este ejercicio con serenidad y con franqueza, descubrirás cosas que el otro puede estar pensando que tienen que ver contigo y su relación. Asumir tu responsabilidad y el compromiso por querer que las cosas mejoren será un gran avance.

Preguntas de reflexión:

- *¿Eres una persona que escucha con atención e interés a los demás?*
- *¿Utilizas preguntas para hacer sentir al otro que está siendo escuchado?*
- *¿Hablas con asertividad y procuras tener conversaciones por más difíciles que estas sean?*
- *¿A quién tienes que voltear a ver más hoy?*

De la intención a la acción:

- *En tu próxima conversación, procura callar tu diálogo interno utilizando las herramientas aquí propuestas de escucha activa.*
- *Haz preguntas iniciando con ¿cómo? y ¿qué?, en lugar de ¿por qué?*
- *Utiliza el modelo **SBI**™ para tener conversaciones difíciles o para dar feedback.*
- *Reconoce los talentos, fortalezas, comportamientos o*

actitudes de la gente con la que trabajas o convives, y asegúrate de darle positive feedback.

> *Todos somos creativos por naturaleza. Yo no soy más o menos creativa que tú; solo tengo más desarrollada la habilidad creativa, lo cual me permite pensar diferente.*
> Brigitte Seumenicht

5

Libera tu creatividad

La creatividad sirve para resolver problemas

—¿Quién tiene que ser creativo en su profesión? —preguntó Clara Kluk en la primera sesión donde tuve un encuentro con la creatividad.

—Artistas, pintores, diseñadores, chefs, músicos —fueron algunas repuestas del grupo.

—¿Un piloto de avión tiene que ser creativo? —preguntó nuevamente Clara, pero esta vez lo hizo mirándome específicamente a mí.

—No —le contesté—. Un piloto no puede salirse de sus lineamientos.

—¿Cómo? ¿Un piloto no debe ser creativo? ¿Qué te lleva a pensar eso? ¿Crees que un piloto no se enfrenta a problemas? —me preguntó.

Me sentí un poco incómoda con los cuestionamientos. Aunque mi respuesta había sido rápida y contundente, mientras ella me iba haciendo las preguntas, me iba dando cuenta de que, en efecto, un piloto tenía que ser creativo ante ciertas circunstancias y definitivamente tenía que resolver problemas.

—Tienes que saber que, sea cual sea la profesión que tengas, es importante conectar con tu creatividad, **porque la creatividad sirve para resolver problemas** —concluyó.

Nunca voy a olvidar esas palabras. Me habían sacudido fuertemente. ¡Claro! **Todos somos creativos por naturaleza.** Nacimos creativos, y todos, absolutamente todos, podemos beneficiarnos en nuestro trabajo y en nuestra vida si utilizamos la creatividad para generar ideas y nuevas alternativas, así como para resolver de forma más efectiva los problemas.

Ese día surgió en mí la pasión por la creatividad. Clara nos había retado a romper paradigmas, cuestionar nuestras suposiciones y ser flexibles con nuestro pensamiento. En pocas palabras, nos había invitado a pensar, a crear y a volver a confiar en nuestra capacidad creativa.

Hoy en día, la mayoría de las solicitudes que recibo de mis clientes de grandes corporaciones es de este tipo:

—Brigitte, tenemos muchos problemas. Necesitamos que la gente piense fuera de la caja. Necesitamos retar el *status quo* para buscar oportunidades de mejora. Mis equipos no proponen nuevas ideas ni soluciones. Tenemos que buscar nuevas maneras de hacer las cosas. Es imperante que salgan de su zona de confort para diseñar nuevas propuestas que nos permitan hacerle frente a la competencia.

Estas solicitudes me confirman la necesidad que hay en los trabajos por propiciar la creatividad tanto en los líderes como en sus equipos.

Ahora, seguramente te estarás preguntando "¿por dónde empiezo?, ¿cómo le hago?, ¿cómo convertirme en un líder creativo y cómo desarrollar en mis equipos el pensamiento creativo e innovador?".

Empecemos.

Reducir el ego, el protagonismo y el poder

Resulta todo un reto propiciar la creatividad en equipos de trabajo donde predominan el ego, el protagonismo y el poder. **La gente necesita sentirse en confianza con los otros y en un ambiente seguro para poder echar a andar su imaginación,** a fin de pensar en ideas nuevas y frescas. Podrá proponer soluciones desde un ambiente donde no se sienta juzgado, criticado ni señalado.

Este es, al menos en mi caso, el primer reto al que me enfrento cuando tengo que liderar sesiones de generación de ideas.

La primera vez que di una sesión de Creatividad e Innovación para Cinépolis, se me ocurrió hacer algo fuera de lo común.

—Este grupo es muy exigente —me comentó Gloriena, quien estaba a cargo del programa de capacitación—. El año pasado no le gustó el consultor y lo tuvimos que retirar— concluyó.

Hubiera sido un camino fácil dejarse llevar por los comentarios previos a la sesión. Posiblemente me hubiera sentido intimidada o hasta aturdida con tanta información.

—¡Pero todos son seres humanos, como yo! —me reí—. Y, lo mejor, ¡todos somos creativos! —dije con serenidad.

En la sala, los observé a todos: unos un tanto serios, algunos preocupados, otros sin dejar de teclear en su ordenador.

—¿Ustedes sabían que, de acuerdo con la neurociencia, la sonrisa abre los canales de comunicación? —alguno que otro me volteó a ver sin más.

—¿Sabían también que, de acuerdo con la neurociencia, si sonríen son percibidos como más competentes y capaces? —logré captar algo de atención, y una que otra sonrisa tímida salió de sus rostros.

—Y no solo eso. ¿Sabían que si sonríen son percibidos como más atractivos y bellos? —algunos soltaron la carcajada y voltearon a ver a sus compañeros.

Continué...

—Ahora, por favor, les voy a pedir a todos que se quiten los zapatos y se pongan estos calcetines. Van a estar más cómodos —partí de la premisa de que, **si tus pies están cómodos, tu mente también está cómoda,** y que, si lograba reducir el ego, el protagonismo y el poder, seguro tendría una sesión más productiva y alcanzaría los objetivos que me fueron solicitados.

—Brigitte, ¿de qué hablas? ¿Es en serio? Yo no me voy a quitar los zapatos para ponerme esos calcetines. Me voy a sentir ridículo —comentó uno de los asistentes.

—Entiendo que es inusual, entiendo que puede ser incómodo e incluso entiendo que puedas sentirte absurdo. Pero tenemos que generar un espacio en donde podamos atrevernos a salir de nuestra zona de confort, en donde flexibilicemos el pensamiento, en donde todos estemos al mismo nivel y en donde seamos capaces de romper nuestros propios juicios y paradigmas. Estoy segura de que, si das este primer paso, avanzaremos mejor en vías de lo que queremos lograr como equipo.

Con algo de resistencia, finalmente accedió. ¡Por supuesto que se siente raro! Pero ¡de eso se trata! **No solo es literalmente quitarnos los zapatos y dejarlos afuera del salón, sino también dejar afuera las limitantes, las creencias, el rol, la posición, el ego y el prejuicio.**

Cabe señalar que, cuando propongo trabajar con una empresa en un programa de creatividad e innovación, los objetivos son muy concretos; es decir, me pagan por dar resultados. Aun cuando pareciera que estamos jugando (¡sí lo hacemos!) y que estamos haciendo cosas absurdas y ridículas, todo tiene un objetivo encaminado hacia el logro final del resultado.

—¡Es cierto! Fue como si al liberar los pies de los zapatos liberáramos también la mente y la capacidad de pensar diferente —otro de los participantes comentó en voz alta.

—¿Entonces estás sugiriendo que en mi próxima reunión les pida a todos que se quiten los zapatos antes de comenzar? —preguntó otro de ellos.

—No. Solamente te estoy compartiendo una experiencia entre muchas más, aplicada a un entorno y a un reto específicos. La táctica no es tan importante como que tengas claro el objetivo central. **Tu objetivo como líder creativo y como colaborador en cualquier organización es construir entornos y ambientes en donde se reduzca el ego, el protagonismo y el poder,** y en donde la gente sienta libertad para generar múltiples ideas.

Un líder creativo es aquel que sabe que tiene que sacar lo mejor de todos sin señalar o reconocer de quién fue la idea, sin predilección ni preferencia. La idea es del grupo, del equipo; todas las ideas son buenas y son bienvenidas. No hay ideas malas.

Un líder creativo sabe que tiene que generar un ambiente de armonía, de respeto y de confianza, donde todos se sientan al mismo nivel, sean escuchados y sientan plena libertad para compartir sus pensamientos, opiniones, soluciones e ideas sin temor al juicio, a la crítica ni a la represalia. ¡Esto los hace sentir valorados! ¡Esto les da confianza respecto a su creatividad y su capacidad de generar soluciones! Y, por ende, esto genera un ambiente de seguridad psicológica en el trabajo, tan necesaria hoy en día.

Tu problema en forma de pregunta

Albert Einstein decía que, si tuviera 60 minutos para resolver un problema, invertiría 55 minutos en redactar la pregunta correcta y 5 minutos en generar las ideas.

A los pocos años de casados, le conté entusiasmada a Carlos que había visto una casa, justo enfrente del fraccionamiento donde vivíamos, que me había gustado mucho. Ya había nacido Ander y me parecía que era buen momento para buscar un lugar que se adecuara a las nuevas necesidades que teníamos.

Le hablé a la asesora y nos citó un sábado a las diez de la mañana para ver la casa en venta. Tan pronto entramos y la empezamos a recorrer espacio por espacio, comencé a notar cierta preocupación en Carlos. No era una casa grande; sin embargo, sí era una casa más grande que la que teníamos.

Yo cada vez me mostraba más segura con la decisión y sentía cómo él cada vez se retractaba más y más.

—No hay forma de comprar esto —me dijo.

—¿Y si buscamos la forma? —le contesté.

La pregunta "¿cómo podríamos hacer posible la compra de la casa?" se convirtió en mi nuevo reto creativo.

Haber establecido el reto de comprar la casa en forma de pregunta me permitió abrir mentalmente posibilidades para lograr mi objetivo. Cada día durante varios meses me levantaba pensando "¿cómo podríamos hacer posible la compra de la casa?".

Estratégicamente destiné esfuerzo, tiempo y energía para que sucediera. Y se dio. ¿Como por arte de magia? ¡No! Honestamente, requirió de mucho esfuerzo. Sin embargo, tengo que confesar que hoy viéndolo en retrospectiva creo que el primer paso pudo haber sido el que más me hubiera costado, y lo vencí: pasar del "no es posible" al "¿cómo lo hacemos posible?".

Cuando quieres obtener ideas para un reto, obstáculo o problema, tienes que saber que la clave está en la forma en la que redactas ese problema. Yo te sugiero que lo redactes en forma de pregunta, iniciando idealmente con:

¿Cómo podría...? o ¿cómo podríamos...?

Otros ejemplos:

- ¿Cómo podríamos aumentar las ventas un 8% el próximo año?
- ¿Cómo podría motivar a mi equipo a dar su máximo potencial?
- ¿Cómo podríamos reducir la rotación de personal?
- ¿Cómo podríamos mejorar la comunicación interdepartamental?

Cualquiera que sea tu problema, lo debes redactar en forma de pregunta que expanda las posibilidades. Así permites que tu cerebro comience a pensar en ideas en lugar de objeciones.

En mi experiencia, la redacción del problema es muy importante; de ella depende incluso que puedas llegar a generar ideas innovadoras y disruptivas.

Al abrir la posibilidad en forma de pregunta, logras obtener ideas y te fuerzas a pensar diferente para hacer algo posible.

Eric Yuan, creador de Zoom, hacía viajes en tren por más de diez horas en China para visitar a su novia. Durante esos viajes, un día se cuestionó: "¿Cómo podría acercarme a mi novia para verla y platicar sin necesidad de viajar?". Ese fue el nacimiento de una de las empresas con mayor crecimiento hoy en día: Zoom.

La redacción de tu pregunta es fundamental porque de ella dependerá hasta dónde puedes llegar. Te voy a poner un ejemplo fascinante.

Piensa por un momento en la funcionalidad de una maleta. Primordialmente, la funcionalidad de una maleta es transportar ropa y accesorios de un destino a otro, ¿cierto?

Ahora, imagina que quieres crear una disrupción para este negocio.

Si partimos de la pregunta "¿cómo podríamos crear una maleta diferente?", es factible que las ideas que surjan produzcan un beneficio incremental en la maleta o en el uso de esta, mas no un cambio disruptivo. Por ejemplo, podría ser adicionar rueditas para mover la maleta de un lado a otro.

Ahora bien, si te fuerzas a crear una pregunta distinta, que atienda la necesidad real de tu cliente, podrías concluir que lo que realmente necesita es tener ropa en el destino al que irá con o sin maleta. ¡Ohhhh! Eso quiere decir que la pregunta podría establecerse como "¿cómo podríamos asegurarnos de que nuestro cliente tendrá ropa en su destino final?".

Posibles ideas: rentar ropa, imprimir ropa en 3D, llevar ropa desechable.

Este es un ejemplo revelador de cómo muchas empresas hoy en día han logrado crear innovación exponencial a través de su oferta de productos y servicios, y cómo muchas empresas se han quedado estancadas en la misma pregunta que los ha llevado a los mismos resultados, siempre.

En conclusión, cualquiera que sea tu reto, obstáculo o problema, inicia redactándolo en forma de pregunta, que inicie con "¿cómo podría...?" o "¿cómo podríamos...?". Verás cómo con el simple hecho de hacerlo así estarás abriendo posibilidades diferentes para crear nuevas ideas.

La fórmula creativa del 30% adicional

—Brigitte, ¿qué necesitas en tus compradores? —me preguntaron alguna vez por parte del departamento de Reclutamiento y Selección cuando trabajé en la industria automotriz como gerente de compras.

—¡Qué sean creativos! —respondí.

—¿Creativos? ¿No te gustaría que tuvieran una ingeniería, que hablaran tres idiomas o que vinieran de la misma industria? —me preguntó la reclutadora.

—¡No! Quiero que sean creativos —afirmé—. Que, si no llega la orden de compra a tiempo, me den diez caminos para tener aquí el pedido y no parar la línea de producción. ¡Quiero que sean compradores creativos!

Pensar que solo hay un camino para resolver un problema, un reto o un obstáculo es una mirada muy corta ante todas las posibilidades que existen.

Una de las reglas primordiales de cualquier proceso creativo (sí, también hay reglas en los procesos creativos, aunque no lo creas) es ir por cantidad de ideas, no por calidad. A esta fase se le llama **pensamiento divergente.**

En la fase de pensamiento divergente todo es posible, no hay limitantes. Hay que evitar matar o criticar las ideas; por el contrario, hay que construir sobre ellas. He visto cómo en las empresas los colaboradores llegan a sus reuniones de proceso creativo, generación de ideas o *brainstorming* con un objetivo claro. Cuando el líder les pregunta qué ideas vienen a su mente, en la mayoría de los casos quieren obtener la respuesta final, la idea ganadora, de forma inmediata, saltándose esta fase tan importante de pensamiento divergente.

Para ser más clara sobre este concepto, ¿has hecho alguna vez ejercicio con pesas en un gimnasio? Si es así, es posible que recuerdes a tu instructor pidiéndote lo siguiente:

—¡Venga! Diez repeticiones de bíceps.

Tú estabas ahí con 25 kg en cada brazo, sufriendo, tratando de llegar a las diez repeticiones. Cuando ya estabas por terminar, tu instructor te decía de pronto:

—Muy bien. Regálame tres más.

—¡Claro que no! Me estoy muriendo —respondías.

Once, doce, trece... Al terminar, tirabas las pesas al suelo y lo veías con ojos de "te voy a matar". Pero, en eso, él se acercaba de forma entusiasta y te decía:

—Muy bien. Esas últimas repeticiones son las que te van a marcar el músculo.

—¿Y las otras diez?

Así mismo sucede con la creatividad. Cuando piensas que ya no tienes ideas, debes ir por ese 30% adicional; es decir, en la fase de pensamiento divergente debes fortalecer tu músculo creativo. Repito: **ir por cantidad de ideas, no por la calidad de estas.**

Llegar a las primeras ideas suele ser fácil. Son las que ya sabes, las obvias, las que no te obligan a pensar un poco más. El tema es llegar a muchas más, a esas que están después de las diez repeticiones, que no estaban en tu radar y que no pensaste imaginar.

Por ejemplo, si te pidiera que me dieras 100 diferentes usos para un clip, ¿qué me dirías? Quizá empezarías por lo más obvio: los usos que comúnmente se le dan, como agrupar documentos o colgar esferas en el árbol de Navidad. Pero, si te pido que me digas 100 diferentes usos, créeme que de pronto tu cabeza va a tener que volar y vas a tener que obligarte a pensar mucho, muchísimo más. He escuchado ideas que van desde cortar pedazos de plastilina, sacarte la mugre de las uñas o usarlo como broche de cabello hasta usarlo como pincel para pintar piedras decorativas.

Puedes hacer este ejercicio con cualquier cosa y te obligará a pensar en nuevas alternativas y usos para un mismo objeto.

Para potenciar tu carrera profesional, tienes que ser creativo y es fundamental que fomentes ese 30% adicional de ideas en ti y en tus equipos de trabajo.

Una buena manera de lograrlo es utilizando técnicas de creatividad.

Técnicas de creatividad

Una de mis técnicas ganadoras es la de **"romper los clichés"**. Esta técnica me encanta y la he utilizado con varios clientes. Se trata de enlistar los clichés que tenemos sobre nuestro propio producto, problema o reto, para retarlos desde un ángulo diferente.

En MERKATUA® tenemos un programa que se llama *CX Innovation*, en el cual usamos esta técnica. Con Cinépolis lo planteamos de la siguiente forma: ¿cuáles son los clichés sobre ir al cine?

Te sientas en butacas para ver una película; hay una dulcería donde se compran palomitas, refrescos y combos; pagas un boleto para entrar...

Pero ¿qué pasaría si pensaras que las salas de cine no son para ver una película? ¿Qué pasaría si la dulcería no fuera para comprar dulces? ¿Qué pasaría si no tuvieras que pagar para entrar?

Con Chicolastic nos fuimos al extremo: ¿qué pasaría si el pañal no tuviera que retener líquidos?

David Vélez, creador de Nubank, primer banco 100% en línea sin sucursales, rompió el cliché de que para sacar una tarjeta de crédito tienes que ir físicamente a una sucursal de banco. Nubank digitalizó la experiencia y convirtió a su empresa en una de las *fintech* más innovadoras. Así lo expresó él: "Somos una empresa de tecnología que ofrece servicios financieros".

Me viene a la mente una infinidad de ejemplos de productos que rompieron el cliché.

- ¿Qué pasaría si la gente no tuviera que ir al supermercado a comprar sus productos? Algunos casos de éxito: Cornershop, UberEats, Rappi.
- ¿Qué pasaría si un refresco fuera funcional, caro y de sabor no tan agradable? Caso de éxito: Red Bull.
- ¿Qué pasaría si un libro no lo tuvieras que leer? Casos de éxito: Audible, Beek, Storytel, LibriVox.
- ¿Qué pasaría si existiera un banco 100% digital sin sucursales? Caso de éxito: Nubank.

Esta técnica te fuerza a ir más allá de lo obvio. Darás con algunas ideas geniales, seguramente muy creativas, lo cual te permitirá saltar de lo preconcebido a lo inimaginable.

Ahora, pregúntate:

- ¿Cuáles son los clichés que tienes en relación con tu problema, reto u obstáculo?
- ¿De qué forma puedes redefinir el problema además de romper con el cliché?
- ¿Qué ideas vienen a tu mente con esta redefinición?

Otra manera de romper tus propios paradigmas y suposiciones es utilizar la técnica de **"Excursionar en los zapatos de otros"**.

Para esta técnica, utilizo tarjetas de personajes de todo tipo e invito a los participantes a desviar sus propios pensamientos y pensar poniéndose en los zapatos de alguien más, es decir, excursionar en la mente de otra persona.

- ¿Cómo resolvería tal o cual persona tu problema?
- ¿Qué haría un niño de seis años?
- ¿Qué haría Steve Jobs?
- ¿Qué haría un extraterrestre?

Recuerdo cómo, para un programa de innovación, decidimos invitar presencialmente a personajes ajenos a la problemática que enfrentaba la empresa. Deseábamos tener ideas nuevas y frescas. El objetivo de mi cliente era mejorar la experiencia del cliente con su marca. Para ello, invitamos a un grupo de niños de entre seis y diez años. Todo esto, como te decía, tenía el afán de que nos dieran ideas y opiniones de algo que era un tanto ajeno para ellos. La respuesta de los niños fue maravillosa. Son increíbles los pocos bloqueos que tienen y la gran capacidad de imaginación y creatividad que aún radica en ellos. Tony Buzan, creador de los mapas mentales, dice que los niños utilizan 95 a 98% de su creatividad, mientras que los adultos apenas la utilizamos 20%.

Seguramente, en tu vida hay personas que sabes que podrían darte un consejo sabio. Yo muchas veces pienso en mi cuñada Luzma. Admiro mucho su temple, su serenidad y su prudencia, por lo que, en momentos en los que necesito ideas distintas, me pregunto: "¿Qué haría Luzma en mi lugar?". Te sugiero que, siempre que tengas un problema, excursiones en los zapatos de otra persona y te preguntes:

¿Qué haría (tal persona) en mi lugar?

Y, por último, la técnica de **"El cielo es el límite"**.

Esta técnica consiste en hacerte las siguientes preguntas, que te llevarán a pensar en múltiples posibilidades:

- ¿Qué ideas vienen a mi mente si el cielo fuera el límite?
- ¿Qué podría pasar si el dinero no fuera un problema?
- ¿Qué pasaría si estuviera seguro de que no puedo fallar?
- ¿Qué ideas locas, descabelladas, chistosas o imposibles vienen a mi mente?
- ¿Qué ideas vienen a mi mente cuando digo esta frase: (insertar cualquier frase aquí)_____?
- ¿Qué ideas vienen a mi mente cuando veo esta imagen? (Puedes utilizar cuantas imágenes quieras; son ventanas para la imaginación).
- ¿Qué ideas vienen a mi mente cuando digo esta palabra: (insertar cualquier palabra aquí)_____?

Romper paradigmas

En una ocasión, llegué a mi casa y mi hijo de tres años me preguntó:

—Mamá, entre todos tus viajes, ¿has ido a la luna?

Su pregunta me sorprendió sobremanera. Cabe señalar que en ese entonces no se hablaba de un negocio que posibilitara ese tipo de experiencias.

Hoy ya hay un millón de candidatos para viajar como turistas a la luna en un viaje todo pagado a través de la iniciativa de la empresa estadounidense *SpaceX* de Elon Musk. ¿Te das cuenta de lo que hemos sido capaces de hacer como seres humanos? ¡Y lo que nos falta!

¿Quién hubiera pensado años atrás que a través de un teléfono celular ibas a poder hablar con alguien, verlo en cámara, escuchar música, guardar documentos, enviar correos electrónicos, escanear, hacer transacciones bancarias, llegar a un destino, interactuar con personas de todo el mundo, ver videos, comprar todo lo que necesitas, leer un libro, ver una película, encontrar trabajo, entre miles y miles de cosas más?

¿Difícil de creer? Sí. Si no rompes tus propios paradigmas, todo puede ser difícil de creer e imposible de crear. El mayor reto es sobrepasar la creencia de que tu pregunta o tu idea es absurda y no tiene respuesta, así como quitarse de la mente frases como "¡no se puede!", "¡es imposible!", "¡ya lo intentamos y no funcionó!", "¡esa idea no la veo viable!" o "¡no hay presupuesto!".

Si nos quedamos con la idea de que solo hay una forma de resolver las cosas, solo hay un camino que podemos intentar para algo o solo hay una buena práctica que nos llevará al resultado, ¡entonces nunca se nos ocurrirán ideas originales!

Conecta con tus fuentes de creatividad

"Muchas personas experimentan lo que yo llamo la creatividad de cubículo: la cantidad y calidad de sus ideas son proporcionales al espacio en el cual tienen que pensar".

Cuando Ander estaba muy chiquito, un día lo llevé al parque que queda frente a nuestra casa.

—No pon —me decía insistentemente—. No pon —y señalaba el iPhone.

Dejé el celular en la cocina y salimos. Yo me sentía un poco manca sin mi teléfono y él iba con una sonrisa de felicidad que no voy a olvidar. De pronto estábamos ahí, él y yo solos, en medio del parque. Mi mano empujaba el columpio. ¿Y mi mente? Mi mente empezó a ver, a estar, a observar, a sentir, a pensar, a crear... ¿Hace cuánto que no estaba así? Era un estado de atención caleidoscópica, en el cual empezaba a descubrir todo con mucha más atención. Ahí, en ese momento, surgió lo que yo llamo "ojos de viajero". Seguramente, has llegado a algún país o ciudad diferente y de pronto parece que empiezas a ver todo con otros ojos, como si te salieran unas antenas y pudieras ver todo con tus sentidos potenciados al máximo, como si vieras algo por primera vez. En ese instante, todo lo que nos rodea se coloca en primer plano ante nosotros y es cuando realmente estamos atentos a la vida.

Para impulsar tu carrera profesional tienes que ser capaz de ver la vida con ojos de viajero. Tienes que estar dispuesto a ver nuevas cosas, a abrir los ojos, a despertar, a verte a ti también con confianza y con seguridad, sabiendo que dentro de ti hay respuestas que posiblemente no has querido escuchar.

Sorpresivamente, comencé a crear. Empezaron a llegar a mí diferentes ideas, conceptos y soluciones, y me di cuenta de lo importante que es conectar con nuestras **fuentes de creatividad,** con esos espacios y lugares que nos permiten ser altamente creativos y nos invitan a pensar diferente.

Cada uno tiene sus propias fuentes de creatividad. A algunos les funciona muy bien estar relajados en un camastro viendo al horizonte; otros la encuentran mientras hacen ejercicio o van manejando, y algunos más conectan con ella a través de imágenes o canciones. Lo importante es descubrir:

- ¿Cuáles son los lugares donde se propicia tu creatividad?
- ¿En qué momento del día eres más creativo?
- ¿Con qué frecuencia conectas con tus fuentes de creatividad?

Desde ese día, procuro encontrarme seguido con mis fuentes de creatividad. A mí me ayuda caminar, estar en contacto con la naturaleza, leer libros, meditar. Y aquí te va una buena recomendación: no confíes en tu memoria cuando de ideas se trate. Ten un lugar de registro de tus ideas. Puede ser una aplicación, un cuaderno o incluso notas de voz, pero siempre regístralas. Nunca sabes cuándo las puedes llegar a ocupar.

Seguramente, tienes tus propias fuentes. Quizá se trate de tu rutina de ejercicios. También puede ser que las ideas surjan cuando estás relajado, cuando vas en el coche o cuando miras a través de la ventana. Puede ocurrir cuando te estás bañando. ¡Ahí muchas veces surgen las lluvias de ideas!

Las ideas pueden surgir en cualquier momento, pero hay que darles una ayudadita.

Por lo tanto, no hagas siempre lo mismo. Ve a lugares a donde no irías, prueba comida que no has comido antes, escucha música diferente, investiga sobre temas que desconoces, empieza a escribir en una hoja en blanco y sin ningún motivo, platica con gente menor de seis años y mayor de sesenta. ¡Son los más divertidos! Sal de la rutina de restaurantes y centros comerciales. Interésate por un nuevo *hobby* o deporte. Conecta más con la naturaleza, en silencio, en presencia. Medita y haz ejercicio.

Este pensamiento aplica no solo para incentivar ideas creativas, sino también para asegurarnos de que en nuestra empresa (y en nuestra vida) se viva una cultura de innovación que asuma riesgos, tolerante con los errores y las equivocaciones, donde se creen y generen proyectos productivos, y a la vez se construyan relaciones de seguridad y confianza.

Preguntas de reflexión:

• ¿En qué momentos de tu vida la creatividad te ha ayudado a resolver un problema?

• De los problemas que enfrentas ahora, ¿cuáles podrían beneficiarse con un pensamiento más creativo?

• ¿Cuáles son tus fuentes de creatividad?

De la intención a la acción:

• Haz un listado de 20 problemas, retos u obstáculos que tengas.

• Redáctalos en forma de pregunta, iniciando con "¿Cómo podría...?" o "¿Cómo podríamos...?".

• Haz uso de las diferentes técnicas de creatividad aquí planteadas para llegar a la mayor cantidad de ideas posibles.

• Categoriza y selecciona las mejores ideas.

• Haz un plan de acción para ejecutar tu idea.

> *Eres tus historias; de ahí eres.*
> Brigitte Seumenicht

6

Sorprende con tu marca personal

Eres tus historias

—Brigitte, acabo de estar en una conferencia de una conocida que tenemos en común y dijo exactamente lo mismo que tú dices en uno de tus episodios del podcast, con las mismas palabras, la misma estructura, incluso adaptó la misma historia personal que usaste —me comentó hace poco una persona.

No es la primera vez que algo así sucede.

Por un lado, me alegra mucho poder llegar a la gente y que sienta la misma emoción que siento yo de compartir este tipo de contenido; por supuesto, cada uno le pone su estilo, conceptos, frases o temáticas a lo que yo comparto. Por otro, me refuerza la idea de que hay que trabajar mucho para generar una marca personal única y auténtica, y que a veces es más fácil replicar lo que otro dijo. Alguna vez oí una frase que decía: **"Podrán robarte las ideas, pero el talento, jamás"**. Y sí, al final esa es la gran labor que implica sentarte a pensar, estructurar, construir, crear y ser diferente, eso es lo que implica producir tu marca personal.

Para crear una marca personal talentosa, tienes que validar tus propias historias. Nunca invalides tus historias, porque de ahí eres.

No hay nada que conecte más con otros y que sea más atractivo para otros que una persona que se siente orgullosa de su historia de vida. Muchas veces me han preguntado: "¿Cómo puedo empezar mi discurso ante tal o cual audiencia?". Siento que no tengo una historia así ¡*wow*! que sea un parteaguas en mi vida. Realmente no necesitas una historia espectacular, ni disruptiva, ni catastrófica, ni épica; solo necesitas contar tu historia.

Tu marca personal se produce cuando recuerdas esos momentos en los que has tenido alguna circunstancia complicada y cómo saliste a flote; en los que sacaste a relucir un valor importante en tu vida; en los que diste el 10% adicional en tu trabajo; en los que alguien te dio una gran lección; en los que te tropezaste y te levantaste, o esos momentos de los cuales hoy puedes reír a carcajadas.

Lo que sucede es que cuesta reconocer nuestras historias. Creo que pensamos que son insignificantes, que no son nada en comparación con el garaje de Steve Jobs, o que no valen si no hemos escalado el Everest o ganado una medalla o perdido una gran batalla. **Eres tus historias; de ahí eres y eso eres.**

Hagamos el siguiente ejercicio para encontrar tus historias de vida, que te ayuden a producir tu marca personal.

Instrucciones:

- El eje horizontal representa tu vida desde que naciste hasta el día de hoy. (Puedes empezar desde la etapa que lo creas conveniente, es decir, no tiene que ser desde que naciste).

- Ahora grafica los puntos altos de mayor felicidad y los puntos bajos donde hayas enfrentado retos, obstáculos, pérdidas, tristezas.

- Identifica las principales etapas dándole un título a cada historia o evento.

- Reconoce los patrones principales que aparecen en cada etapa. ¿Quién eres en tu mejor versión y en los momentos de más felicidad? ¿Qué cualidades y características se presentan? ¿Qué resulta importante? Desarrolla los momentos más difíciles con preguntas similares.

La línea de tu vida

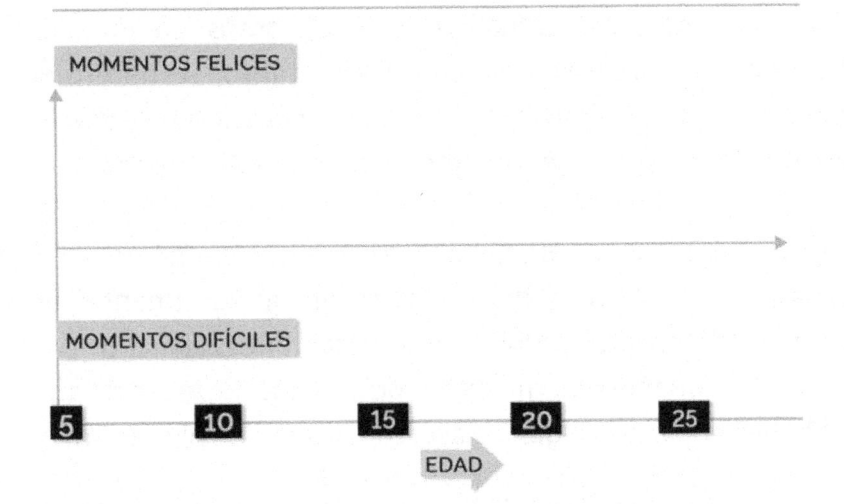

MOMENTOS FELICES

MOMENTOS DIFÍCILES

5   10   15   20   25

EDAD

Ya que has terminado puedes identificar algunos puntos. ¿Qué situaciones tienen un buen mensaje que quieres transmitir? ¿Qué lección te dejó tal o cual momento? ¿Qué tienen que saber los otros que puede darles el valor, la fuerza, la inspiración o el coraje para seguir adelante?

¡Ahí están tus historias! Reconócelas y compártelas con humildad.

Para impulsar tu carrera profesional tienes que saber contar historias. Tus propias historias son vehículos de emoción, de adrenalina, de poder, de fuerza y de inspiración para los demás.

No tengo la menor duda del impacto que puede tener una buena historia compartida en el momento correcto para conectar con la gente, con tus colaboradores, y por ende para proyectar tu marca personal.

Cuando empecé a dar clases en la universidad, tenía que seguir un temario o plan de estudios. A veces la información, por obvias razones, se volvía extremadamente teórica. Recuerdo que cuando preparaba mis clases tenía claro aquello que no quería ser: una maestra que solo transmite información sin compartir experiencias. Por lo tanto, siempre tenía mis historias de bolsillo que salían a la luz cuando empezaba a ver que los alumnos se mostraban distraídos o cansados.

Y sí, ahí, cuando empezaba contando alguna buena historia, todos volvían a prestar atención, ¡mágicamente! Era como si, de pronto, todos se mostraran entusiasmados para seguir escuchando. Lo mejor de todo es que, después de años de haber impartido alguna clase, todavía recibo algunos mensajes de exalumnos contándome que lo que más recuerdan es cuando les conté la historia de... ¡el anillo de compromiso que perdí en una playa en Oaxaca! Luego, milagrosamente lo encontré (por si estabas con el pendiente).

Hoy en día, en mis conferencias cuento historias, en mis reuniones con clientes cuento historias, a mis hijos les cuento muchas historias, y este libro está repleto de historias. ¿Por qué? Porque estoy convencida de que funcionan (y funcionan muy bien) y le añaden muchísimo valor a tu marca personal. Sin lugar a duda, es lo que te hará diferente. Lo demás es altamente replicable.

¿Qué hace que las historias sean tan poderosas?

Las historias son emocionales. Son un medio extraordinario para comunicar. Las podemos recrear en la mente. Nos gustan porque muchas veces nos vemos reflejados o aprendemos algo. Nos dejan un mensaje.

Algunas personas han perdido la confianza y seguridad para contar historias y han desaprovechado a nivel profesional este gran recurso. Todos tenemos historias, y muchas. Cada día nos pasan cosas que, si prestamos atención, podemos compartir en una historia. Lo interesante es lo que te pasa día con día, y tu capacidad de analizar y construir un mensaje a través de eso.

Por ahí dicen que **"la persona que te tiene al borde de la silla, contándote una historia de cómo se prepara un sándwich en la mañana, es un gran *storyteller*"**.

Hay ciertos elementos que valdría la pena que contemplaras cuando vas a contar una historia:

Ten un mensaje claro. ¿Qué quieres que la gente sienta, haga, descubra, vea, piense o reflexione después de escucharte? Completa la frase: "Con esta historia quiero que la persona que me escuche... (se motive, recapacite, actúe, piense, tome valor, reflexione, se divierta, aprenda, etc.)".

Tener claro el mensaje es un primer gran paso. Cuando voy a dar una conferencia para algún cliente, siempre le hago esta pregunta: ¿qué quieres que suceda después de mi conferencia?

A nivel organizacional, igual. Ten siempre en mente que cada presentación que das debe tener un mensaje de lo que quieres comunicar y lograr.

Agrega conflicto a la historia. Tan solo piensa en las películas de Disney o Pixar y tendrás esto muy claro. Yo sé que el conflicto no es bueno en la vida, pero es muy necesario en las historias. El conflicto eleva la tensión y el suspenso, genera empatía con el protagonista y eleva el interés. Sin conflicto no hay trama. Si quieres lograr conexión con tu audiencia, debes tener un conflicto con el que ellos también se puedan identificar.

Si tu equipo de ventas está desmotivado, contarles alguna historia en donde viviste una situación de desmotivación en tu vida laboral y llevarlos a la escena misma (o recrear el conflicto o la situación de estrés para después transmitirles un mensaje motivacional) puede ser la mejor manera de crear empatía y conexión, y moverlos a la acción. Hablar de las dificultades y los conflictos que has tenido en tu vida implica mucha valentía y una alta dosis de vulnerabilidad, pero créeme: siempre agregará valor a tu marca personal.

Incluye detalles sensoriales. Este punto me encanta. No es lo mismo que te diga: "Todos los días llegaba a mi lugar de trabajo, ese lugar en el que nunca me sentí contento"; a que te diga: "Todos los días subía el elevador repleto de gente con cara seria y enojada, caminaba a mi escritorio como si no existiera, me sentía invisible, nadie me volteaba a ver, no había ni un '¡Hola! Buenos días'. Y luego esa silla, esa incómoda y desalineada silla que cada que me sentaba hacía un ruido infernal y no me permitía concentrarme. En ese lugar de trabajo nadie podía sentirse contento, nadie, ni yo".

Cuando usas los sentidos, la gente interioriza y hace suya la historia. No abuses, pero tampoco escatimes. Recrea el escenario de la historia y evoca cada uno de los sentidos.

Incorpora el diálogo interno. Me he dado cuenta cuando escucho historias que compartir el diálogo interno hace magia en la audiencia. Son esas cosas que te decías a ti mismo en ese preciso momento. Por ejemplo: Estando en mi oficina pensaba: "Si tan solo en este momento yo pudiera perder el miedo a emprender'" o "En cada junta me repetía constantemente: "Un día va a suceder algo que me va a llevar al lugar donde quiero estar". La gente quiere escuchar ese diálogo interno, quiere conocer el lado vulnerable de quien cuenta una historia.

Cuenta con emoción. No puedes contar una historia sin emoción, sin pasión. No importa qué tan fuerte sea la historia; si no tiene emoción, se siente vacía. Las emociones se transforman en acciones: con las historias puedes inspirar, motivar a la acción, fortalecer un valor, entretener, informar.

Te voy a dar una última recomendación: nunca empieces a contar una historia diciendo: "Te voy a contar una historia...". No, regla de oro. Nadie quiere que le digas que le vas a contar una historia; generarás resistencia y lo único que pasará por su mente es "y, ahora, ¿cuánto tiempo tengo que prestar atención?". Solo cuéntala, sin miedo. Experimenta. ¡Haz la prueba! Estoy segura de que más de una persona quiere escuchar tus historias por más simples y sencillas que te parezcan.

Sigo pensando en la frase del inicio: podrán robarte las ideas, pero el talento jamás. Y así es. El talento es aquello que te permite brillar ante los demás. Las ideas van y vienen, pero esa capacidad que tienes de siempre generar nuevas cosas, de auto motivarte, de encontrar historias de tu vida que impacten a los demás, de ser un reflejo mismo de lo que predicas, de hablar desde el corazón, eso nadie podrá quitártelo ni imitarlo ni copiarlo ni robarlo. Eso es solo tuyo. Eso es lo que tú eres, solo tú, y aunque otros intenten tomarlo prestado tú sabes que te pertenece desde lo más profundo de tu corazón.

A un corredor, no se le pegan las sábanas

Mi hermano Jan corre maratones. Es vicepresidente de una empresa en el ramo automotriz, es padre de familia y es un gran ser humano. Todo esto lo lleva a ser una persona, como tú y yo, sumamente ocupada.

Resulta que, cuando tiene que entrenar para un maratón, durante los seis meses previos a la competencia sale a correr todos los días a las cinco de la mañana. Busca las mejores rutas para poder correr la mayor cantidad de kilómetros posibles a esas horas de la mañana. Ya acercándose la fecha, cuando tiene que entrenar más kilómetros, se asegura de hacer el recorrido una noche antes para colocar durante el trayecto botellas de agua que le permitan hidratarse en ciertos momentos. Y esto lo hace a ¡diario! Las coloca un día en la noche y las recoge al otro día en la mañana mientras corre.

Siempre me ha sorprendido mucho su constancia y su disciplina. Cuando se compromete en hacer algo no hay poder humano que pueda contra él. Con el ejemplo del maratón me sorprende aún más que sea cuál sea la circunstancia, lugar o situación él sale a correr todas las mañanas.

—Jan, ¿no te da flojera hacer eso todos los días? —una vez le pregunté.

—Todos los días me da flojera —fue su respuesta.

—Y entonces, ¿cuál es tu estrategia, cómo lo logras? —le pedí una explicación.

—Te voy a leer lo que tengo en mi diario de entrenamiento— me dijo.

Durante el entrenamiento, hay carreras en las que no te sientes bien. Estás enfermo, desvelado o en otro país, y el mejor remedio que puedo tener es que cualquier pretexto, cualquier excusa, cualquier frase que venga a mi mente la termino diciendo: **"Pero no importa"**.

Me pareció muy impresionante comprobar que, para lograr esa disciplina y esa constancia en tu vida, el poder y control que tienes sobre tus pensamientos es fundamental. La medida de tu éxito muchas veces es tan solo un reflejo de los pensamientos que estás teniendo.

Crea **tus frases de poder**, aquellas que te conecten con tu marca personal y con aquello que quieres lograr. Esas frases tienen que ser una herramienta para que, en momentos donde empiezas a flaquear o donde necesitas un empujón, te ayuden a encontrar nuevamente la razón y la fuerza dentro de ti para seguir adelante. Algunos otros maratonistas tienen frases de poder como, por ejemplo: "no corres con tu cuerpo; corres con tu mente", "todo kilómetro es un buen kilómetro", "no lo pienses, solo corre".

¿Cuáles serían las frases de poder que te ayudarán a conectar con tu mejor versión? ¿Qué frases te tienes que repetir en circunstancias donde te sientes más débil? ¿Qué dice la frase de poder sobre la verdadera persona que quieres ser?

"Para lograr algo grande en tu vida, tienes que trabajar en los mensajes que le mandas a tu mente, punto".

No te distraigas, enfócate

Mucha gente está distraída, muy distraída. Están mucho más interesados en el drama y el *show* de las redes sociales que en su propio crecimiento personal. Eso hace más fácil el camino para aquellos que quieren sobresalir.

Una de las reglas de oro para potenciar tu marca es enfocarte: enfocarte en aquello que es verdaderamente importante.

Durante ya varios años dedico un par de minutos durante el inicio de mi día a hacerme las siguientes preguntas. Te invito a que hagas este ejercicio y empieces cada mañana con mayor claridad y enfoque.

Ejercicio de priorización y enfoque:

- ¿Cuáles son las tres cosas que tienen que suceder hoy?
- Si pudiera describir en una palabra el tipo de persona que quiero o debo ser este día, ¿qué palabra elegiría?
- ¿Qué situación me podría estresar y cómo debo anticiparme o mentalizarme para abordarla de forma inteligente?
- ¿Cuáles son las tres cualidades que debo mostrar durante este día?
- En momentos difíciles, ¿cuáles serán mis frases de poder?
- Voy a saber que mi día fue exitoso si al final puedo sentir, decir, pensar o haber hecho: _____.

Puedo asegurarte que este ejercicio es una garantía y una buena manera de dar pasos agigantados en tu desarrollo y crecimiento personal. Si dejas de estar distraído con pequeñeces y dejas de ser reactivo ante tu día, para convertirte en una persona con perspectiva clara de lo que quiere y con enfoque en prioridades, habrás dado pasos agigantados en tu productividad y tus resultados.

Pasión, preparación y humildad

El 14 de octubre del 2012 estaba yo junto con ocho millones de personas viendo en *YouTube* el salto que haría Félix Baumgartner desde la estratósfera a la tierra, desde una altura de 39,000 metros.

Félix ese día rompió ocho récords mundiales, rompió la barrera del sonido, se enfrentó a condiciones extremas en el espacio y, por supuesto, rompió muchos paradigmas que podemos tener sobre nuestros propios miedos, el cumplimiento de metas y sueños, el trabajo en equipo y, al menos para mí, el sentido de la vida.

Me quedé pensando durante algunos días sobre este hecho. Daba vueltas incansablemente en mi cabeza. ¿Qué podía pasar por la mente y el corazón de una persona que decide saltar desde esa altura a la tierra?

Y esto es lo que fui descubriendo conforme me fui adentrando en el tema más y más.

—Cuando era pequeño, me subía a los árboles porque quería ver cómo se veía el mundo desde arriba —dijo Félix en una entrevista—. A los 16 años me inscribí en una escuela de paracaidismo y la primera vez que salté sentí muchos nervios, y algo de miedo a lo desconocido, pero fue ahí, en mi primer salto, donde supe que eso era lo que quería hacer, que eso era algo que me apasionaba muchísimo.

Yo creo que todos en algún momento de nuestra vida hemos estado en ese punto, en el que de pronto varias cosas cobran sentido y sientes cómo algo hace clic dentro de ti y te dice: "Esto es lo que me encanta hacer". Sé que para muchos ese momento no ha sido tan revelador como para otros.

En mi caso, sí recuerdo perfecto el día que di mi primera conferencia a un foro profesional con un número considerable de personas. Recuerdo haberme preparado mucho para esa conferencia. La ensayé y practiqué más que mil cosas en mi vida. En una de esas prácticas ante mi tía, días antes del evento, ella sentada en el sillón frente a la televisión de mi casa y yo con mi computadora pasando *slide* tras *slide*, pude sentir y ver en sus ojos que esto estaba tomando un buen rumbo, que iba por buen camino. Al finalizar noté levemente cómo en sus ojos se notaba una lagrimita que no dejó salir, pero que para mí fue el detonador de "lo hiciste bien". Y ese día, incluso antes de presentarme al foro, supe que había tomado el camino correcto.

Ponte a pensar cuántas veces has estado en alguna situación, momento o actividad en la que has dicho: **"Esto lo podría hacer por mil horas, esto me encanta, esto conecta con quien realmente soy. Haciendo esto soy fiel a mis valores, a lo que es importante en mi vida".**

Presta mucha atención cuando alguien te diga: "Es que eres buenísimo o buenísima en eso". Y, cuando te lo digan, nunca respondas: "¿En serio? ¡Ay, no, cómo crees!". Más bien, responde preguntando: "¿Por qué lo crees? ¿Qué te lleva a pensar en eso? ¿Cómo te lo he demostrado?". Y descubre cómo otros están viendo algo en ti que a lo mejor tú no has querido ver. **Descubrir lo que te apasiona en la vida es increíble, es una locura, es algo que te mueve con gran fuerza y eso inspira a los demás.**

Posiblemente tu trabajo actual te apasiona y realmente lo disfrutas. Si no es así, estoy segura de que puedes encontrar una pasión por algo, algo que te encante hacer; tienes que encontrarlo. Es importante vivir sabiendo que hay algo que nos gusta mucho hacer, porque eso se transmite y puedes lograr que otros se sientan inspirados a través de tu ejemplo. A lo mejor te encanta cocinar, te encanta correr, te encanta escribir, te encanta ayudar; descúbrelo y hazlo visible ante los demás. También es válido que te guste algo mucho por un tiempo y después ya no; está bien, pero busca siempre ese motor de cosas que te apasione y te guste hacer y, sobre todo, busca ser ejemplo de inspiración para los demás.

—El aire es donde estoy en casa —dijo Félix, y tiene tatuado en su antebrazo con letra gótica "Nacido para volar".

En casi todas sus entrevistas, Félix recalca su exhaustiva preparación y, por supuesto, la de su equipo. Hace énfasis en lo importante que fue confiar, no solo en que él era capaz de hacerlo, sino también en que todos los que estaban en esa misión sabían lo que hacían. Tienes a la gente experta, al equipo idóneo y confías en lo que te dicen.

En una ocasión, le preguntaron si la probabilidad de morir en el salto era 50/50.

—Eso sería jugar a las apuestas. La posibilidad de sobrevivir después de la preparación que tuvimos, de la experiencia, de la técnica, de la ciencia y de la mentalidad era 90/10. Si hubiera sido 50/50, no sería mi negocio. No lo hubiera hecho —contestó.

Y, ¿cuántos de nosotros honestamente lo hubiéramos hecho? Los que presenciamos el salto dijimos: "Está verdaderamente loco. ¡No cabe duda de lo que la locura hace con las personas!". Y, bueno, sí; sí se necesita ser un poco de otro mundo para lograr lo que hizo. Pero ¿tienes una remota idea del número de saltos que ha hecho Félix en su vida? ¿Sabes lo increíblemente preparados que están él y su equipo para lograrlo? ¿Sabes cuántas veces en su vida tuvo que controlar el miedo y hacer que no se convirtiera en pánico para estar ahí en la estratósfera a 39,000 metros de distancia de la tierra?

—Recuerdo cada segundo de lo que sucedió. Estaba sumamente preparado y sobre todo concentrado— mencionó Félix.

Vemos el éxito, el momento en el que llega a la tierra, pero no vemos todo el camino que tuvo que recorrer para llegar ahí. Y esto se refleja directamente en tu vida. La gente ve el puesto que tienes, el sueldo que ganas, las relaciones que has hecho y la credibilidad que has ganado. Pero pocos saben que has estado en una junta aterrado de miedo de decir lo incorrecto; que más de una noche no has podido dormir de preocupación por la presentación, el resultado, el error, el proyecto, el cliente o por perder tu puesto; que has llegado agotado a tu casa sin querer saber nada de nada, cuestionándote si de verdad quieres continuar con eso; que más de una vez has querido llorar o has llorado en el baño de tu oficina, en un rincón, en una esquina, de impotencia, coraje, injusticia o dolor; que te ha invadido la culpa más de una vez por tomar un día libre o dos o tres para estar con tu familia y viceversa. Nadie, posiblemente nadie, más que tú sabe que, para llegar a dónde estás hoy, has tenido que recorrer un camino arduo de forma valiente, luchona y sobreponiéndote a todo y a todos.

Me quedo con la idea de que **la probabilidad hoy en día de que sobrevivas a lo que te pase, si estás preparado, con el equipo correcto y confiando en tus talentos, es de 90%.**

Pero también es cierto que, una vez que logramos cosas en nuestra vida, una vez que tocamos por un instante el lugar al que queríamos llegar, nunca, nunca, nunca debemos perder el piso y sentirnos más que los demás. Cuando sabes que ya alcanzaste lo que te propusiste, que lograste el sueño por el que trabajaste durante años y que estás en la cúspide de tu vida (llámese un puesto o lugar en la jerarquía de una organización, un reto deportivo, un reconocimiento personal o un logro del cual te sientes orgulloso), no puedes perder la humildad, la empatía ni la cercanía con los demás.

Recuerdo la anécdota del presidente de una asociación que asistió a un evento magistral como uno de los invitados principales. Llegó al recinto con un séquito de gente, en un coche por demás llamativo. Entró al recinto por una puerta enorme; por ambos lados, lo recibían sonrientes y con gran respeto los organizadores del evento. Se le ofreció una taza de café en una bandeja hermosa con vajilla de porcelana, a lo que respondió:

—¿Me podrán traer mi café en vasito de unicel? —ante lo cual todos se asombraron muchísimo—. Sí, por favor. Es que esa hermosa taza, así como la alfombra roja en la que me recibieron y el coche que traigo, es de mi puesto. Pero el próximo año que venga de invitado entraré por una de las puertas por donde entran todos los demás, me sentaré entre la gente y me tomaré mi café en el mismo vasito en el que lo toman los demás.

Eduardo Punset tenía una frase maravillosa que dice: **"Sé bondadoso con la gente cuando subas; te los encontrarás a todos cuando bajes"**.

Sin lugar a duda, tienes que saber que para llegar muy alto debes ser humilde y bondadoso con la gente, y poner esos grandes talentos que tienes al servicio de los demás.

Minutos antes de descender, Félix Baumgartner dijo algo que estremece mi cuerpo y hace latir mi corazón. Para mí, son las palabras más memorables de su gran logro y tienen un gran trasfondo:

"A veces tienes que ir hasta lo más alto, para entender lo pequeño que eres".

¿Cuál ha sido tu mejor inversión?

En una ocasión, me encontraba dando una conferencia para un foro de 500 mujeres en la Ciudad de México. Una de ellas tomó el micrófono y me preguntó: "¿En qué vale la pena invertir?". La pregunta me llamó la atención, nunca me la habían hecho y tampoco estaba segura de la respuesta que debía dar. Sin embargo, no tardé más de dos minutos en explicarle lo siguiente:

Cuando cumplí 40 años decidí que gran parte del dinero que ganaba lo iba a invertir en bienes raíces, para que a los 50 años me pudiera jubilar y vivir de mis rentas. Realmente mi intención no es jubilarme como tal, pero sí saber que puedo estar más tranquila en cuanto a la demanda laboral.

Así lo hice: dinero que ganaba, dinero que invertía en un inmueble. No me arrepiento. Fue una de las decisiones más inteligentes que he tomado. Fue mucho más inteligente que pensar que es inteligente invertir en un coche, una bolsa, unos zapatos, maquillaje, perfumes o joyas. Ni siquiera por el gusto.

Pero te voy a decir cuál ha sido, sin lugar a duda, la mejor inversión que he hecho en mi vida. **La mejor inversión que he hecho en mi vida ha sido invertir en mí.**

Si tienes un coche, quisiera preguntarte: ¿cuánto dinero inviertes en su mantenimiento al año?, ¿cuánto te cuesta al año tener ese coche? Contempla, por favor, los servicios que le haces, el cambio de llantas, el pago de seguro, la gasolina y los diferentes permisos que tienes que tramitar para poder circularlo de acuerdo con el país donde estás. Si a tu coche le prestas tanta atención, ¿por qué a ti no? Me sorprende mucho ver en las empresas cómo todavía el tema de capacitación y desarrollo de su personal es un trámite que hay que completar para pasar la auditoría. En algunas he escuchado a líderes decir: "¿Y para qué los capacito si de todos modos se van a ir?". Y mi respuesta siempre es la misma. **El problema no es que los capacites y se vayan; el problema es que no los capacites y se queden.**

También, tristemente, hay colaboradores que esperan que sea la empresa la que los capacite y de su iniciativa propia no hacen nada.

Estos días he estado dando algunas sesiones para grupos de empresas en Estados Unidos, Centro y Sudamérica. Sigo viendo en los grupos gente que está por obligación ("¡ufff, un curso más!") y gente que no lee los materiales porque "no tuvo tiempo". Pero, por otro lado, también veo gente que llega con una actitud increíble, con muchas ganas de aprender, con ganas de saber más.

Invertir en tu aprendizaje y crecimiento es una de las mejores inversiones que puedes hacer. En mi caso, no escatimo comprando libros, tomando cursos y aceptando propuestas que me llevarán a investigar para aprender. Hoy en día cuentas con algo muy valioso que hace tiempo no estaba al alcance de todos: la abundancia de conocimiento e información. **El que tiene la intención de aprender encontrará la forma de hacerlo.**

Sé selectivo con las elecciones que haces y saca el mejor provecho ya que estés ahí. Aun cuando hay muchas cosas que ya sabes, siempre habrá algo que aprender. **Ten una mente de principiante ante el aprendizaje.** Si estás dispuesto a recibir, vas a encontrar y te vas a sorprender.

Un solo acto heroico, o muchos pequeños hechos diarios

Mi trabajo me ha permitido estar en contacto con muchos líderes del mundo y a la vez con muchos otros conferencistas. Cuando voy a un evento de conferencias me gusta sentarme a ver las ponencias porque siempre aprendo algo nuevo.

Recientemente tuve la oportunidad de estar en un evento en donde uno de los conferencistas hablaba de muchos valores y competencias que tenemos que desarrollar como líderes: empatía, trabajo en equipo, comunicación, liderazgo. La gente se veía sumamente entusiasmada con sus palabras y realmente el nivel de conexión que se logró fue admirable. Sin embargo, tan pronto el conferencista bajó del estrado se convirtió en un ser inalcanzable. Acompañado de otras personas de su equipo salió por la puerta de atrás del escenario y nunca se le volvió a ver. Quise comprobar algo que estaba presintiendo, por lo que le envié un mensaje felicitándolo por su ponencia y preguntándole sobre la recomendación de un libro que había mencionado durante la ponencia. No hubo respuesta.

Y ¿entonces?, ¿dónde queda la congruencia?, ¿dónde quedan todas esas palabras de motivación sobre quién y cómo tenemos que ser cuando no las practicas ni eres un ejemplo vívido de ello?

Tu marca personal es un conjunto de las acciones diarias que decides hacer. De nada sirve tener un acto heroico una vez en la vida si el 80% de tu tiempo no vives en congruencia con ese gran hecho. **De nada sirve hablar bien fuerte sobre lo que es importante en tu vida si tras bambalinas el audio con el video hace corto circuito.**

Preguntas de reflexión:

- ¿Qué te apasiona hacer? ¿En qué eres muy bueno?
- ¿De qué forma puedes servir a los demás a través de tus talentos?
- ¿Qué historias de tu vida tienen un mensaje que vale la

pena compartir?

- *¿Cuáles son tus frases de poder que te ayudan a conectar con tu mejor versión?*
- *¿Con qué nivel de congruencia vives tu vida actualmente?*
- *¿Cuál es tu plan de desarrollo profesional para los próximos 12 meses? ¿Será tu currículo radicalmente distinto este año que el año pasado?*

De la intención a la acción:

- *Dedica tiempo para hacer tu línea de vida. Encuentra las historias de tu vida que te gustaría compartir y que revelan un mensaje poderoso.*
- *Construye tus propias historias de bolsillo. No olvides contemplar los elementos mencionados anteriormente.*
- *Utiliza tus frases de poder para conectar con tu verdadera esencia.*
- *Haz el ejercicio diario de priorización y enfoque para tener tus prioridades claras y avanzar de forma alineada con lo que es verdaderamente importante en tu vida.*
- *Toma un curso de algo nuevo, cómprate un libro, inscríbete en un programa de capacitación, ten conversaciones enriquecedoras con personas que te puedan enseñar algo diferente, busca un coach o un mentor.*

> *El propósito más elevado que tengo en mi vida es ser fuente de inspiración para los demás; ese es el gran motivo por el que me levanto todas las mañanas.*
> Brigitte Seumenicht

7

Inspira
e impacta
a los
demás

Empieza con un propósito elevado

—¿Y si me muero? —le dije a Carlos una noche de abril del 2020.

Meses antes, había estado en un evento en Houston, de la *National Speakers Association*[3], donde se reúnen *speakers* para aprender y compartir sobre la profesión de hablar en público.

En una de las sesiones, reunieron a seis *speakers* para compartir su experiencia sobre tener un *podcast*. En esa ponencia, compartieron consejos, sugerencias y recomendaciones sobre el tema. Uno de ellos preguntó si alguien en la audiencia tenía un *podcast*. Yo alcé la mano porque había hecho algunas cápsulas para Grupo Imagen Radio, y había guardado el contenido en iTunes. El nombre del *podcast* era *Marketing por Brigitte Seumenicht*. Aunque sí tenía uno, no me sentí cómoda alzando la mano porque no tenía un propósito elevado.

---

3 *National Speakers Association: https://nsaspeaker.org*

Regresé a mi habitación y recordé las palabras de uno de los *speakers*, las cuales habían quedado muy grabadas en mi mente: "Hacer un *podcast* es facilísimo. Cualquiera de ustedes puede hacer uno hoy en la noche". Yo no empecé el *podcast* de Yo Me Encargo® esa noche, pero me quedaron retumbando en la cabeza esas palabras y la invitación a hacerlo.

Cuatro meses después, en abril de 2020, en plena pandemia de COVID, amanecí un día con una sensación rara, con muchísima incertidumbre y confusión por lo que estaba pasando. Las noticias mostraban un número alarmante de muertes y los contagios iban en aumento. Se trataba de una enfermedad masiva y sin control. Ese día me sentí triste. Dentro de esa tristeza, surgieron en mí algunas preguntas que nunca antes me había hecho. Y si yo ya no estoy más en este mundo, ¿en dónde me van a poder encontrar mis hijos? ¿Cómo van a saber mis hijos en qué pensaba yo? ¿Qué me motivaba? ¿Cómo vivía? ¿En qué creía? ¿Qué defendía? ¿Cuál era mi filosofía de vida y cuáles eran mis herramientas para salir adelante?

—¿Y si me muero? —le dije a Carlos esa noche.

Lo que me llegó a la mente fue: **"Me tienen que poder encontrar siempre, esté donde esté"**.

Y así, con un propósito elevado de dejarle un mensaje a mis hijos en cada episodio, ese día le abrí espacio a mi creatividad para crear mi *podcast* Yo Me Encargo®. Yo misma diseñé el logo en Canva (tengo que confesar que ya no recuerdo el tipo de fuente ni los colores). Investigué qué micrófono debía usar, cuál era la mejor plataforma de edición, cómo podía editar mi contenido correctamente, y en dos semanas, de forma autodidacta, saqué mis primeros tres episodios.

Conecté conmigo y con la intención de conectar con mis hijos, aunque por supuesto conecté con muchas personas más, pero todo partió de un propósito elevado.

Recuerdo la cara de Carlos cuando le dije que iba a hacer un *podcast* con un episodio cada semana. No voy a olvidar su expresión, como diciendo: "Una nueva locura".

—Tranquilo, *yo me encargo* —le dije.

Por una parte, él tenía razón, porque me he quedado grabando hasta altas horas de la noche; he grabado desde el coche cuando estoy de vacaciones para no generar eco; he tenido que repetir grabaciones innumerables veces porque llovió, granizó y hasta porque ladró el perro del vecino en plena grabación. Pero ¿sabes qué? Cuando tienes un fin último claro, cuando tienes un sentido de propósito, cuando conectas con esa fuerza interior tuya elevada que te permite ser altamente creativo, no importa cuántas caras incrédulas veas. No importa lo que te digan, por ejemplo, "no lo tienes que sacar cada semana", "que no se vuelva una obligación" o "¡ay!, de cualquier manera ni te pagan por ello". Tú sabes que ya diste el primer paso que te lleva a conectar con ese propósito, por lo cual ya nada puede frenarte.

Yo creo que **el tiempo que más perdemos en la vida** es el que perdemos en **comenzar**.

Para mí los propósitos elevados nunca han tenido que ver con hacer dinero, ni con tener fama ni éxito. Los propósitos elevados para mí tienen que ver con sentirme altamente creativa y motivada por algo en lo que creo. Son los que mantienen despierta mi creatividad, que hacen latir fuerte mi corazón, que me hacen saber que estoy contribuyendo a la vida de los demás y que me ayudan a levantarme cada día con un sentido de vida. Pero lo más importante y lo que más me alienta a seguir adelante es que siento que, al creer en mi propio propósito, otros también se sentirán motivados e inspirados para hacer lo mismo. **Y eso es para mí la esencia del éxito de toda carrera profesional: la capacidad de inspirar, influir e impactar a los demás.**

Cuando hacemos las cosas con propósito, pasión y dedicación, lo demás viene por añadidura. Al año del *podcast*, me llamaron de Nestlé. La chica al otro lado del teléfono me dijo:

—Brigitte, mi jefa y yo somos fans de tu *podcast*.

Sentí en ese instante cómo en mi interior mi corazón latía con mucha fuerza. Sé que suena cursi, pero no hay otras palabras para expresar la emoción de saber que el *podcast* estaba rompiendo barreras y surtiendo efecto en otras aristas.

—Quisiéramos ver si nos puedes cotizar una conferencia —me dijo entusiasmada.

Los pequeños detalles nunca son pequeños

Soy una mamá que durante muchos años ha tenido que viajar por trabajo. En muchas ocasiones, me he encontrado en hoteles, aviones, trenes y taxis deseando estar en mi casa y abrazar a mi familia.

Muchas veces me ha invadido la culpa, por supuesto, pero siempre pienso en la gran diferencia que hay entre "ser culpable y sentirte culpable", y eso me ayuda a retomar la fuerza necesaria para seguir adelante.

Creé una frase a raíz de que tuve hijos y viví la experiencia de estar fuera, la cual me repito constantemente:

"Hay que estar donde tienes que estar, con quien tienes que estar, como tienes que estar y cuando tienes que estar, pero nunca, nunca, nunca, estar sin estar".

Una noche, cuando Ander tenía tres años, estábamos en su cama y me propuse leerle un cuento en presencia y en amor. Cuando ya se había quedado dormido, intenté salir sin hacer ruido, de puntitas, acerándome a la puerta. Pero, de pronto, escuché una de las cosas más lindas que puede escuchar una mamá en su vida:

—Mami, hoy fuiste la más linda.

Y me quedé pensando: "Pero ¿qué hice?".

—Sí, mami. Hoy fuiste la más linda, porque jugaste conmigo a las carreritas. Si fueras en mi salón, serías mi mejor amiga.

A veces creemos que las pequeñas acciones que tenemos

con otros no son relevantes. Sin embargo, nunca le quites el valor a una acción por más insignificante, indiferente o irrelevante que creas que sea.

Tu vida y tus acciones, por más pequeñas que sean, pueden generar grandes sentimientos en los demás. Sé consciente de ello.

Puedes cambiarles la vida a otros en cuestión de segundos con una sonrisa, con un detalle, con una pregunta, con un abrazo, con una palmada en el hombro, con una llamada, con un agradecimiento, con un perdón dicho desde el corazón. Atrévete a ser esa persona que logra impregnar de buenos recuerdos y sentimientos la vida de los demás.

Regálale vida a tus días

A mi amiga Elodie la conocí cuando trabajábamos en la misma empresa. Mucha gente dice que nos parecemos físicamente y, mientras trabajábamos juntas, siempre nos confundían. En mi cumpleaños 36 quise, como único regalo, ir a comer con ella. Podía haber decidido entre muchas otras personas, pero sería Elodie quien llenaría mi día de luz.

¿Por qué la elegí? Por su autenticidad y alegría, por nuestra gran amistad, porque me inspira a ser mejor. ¿Cómo describirla? De nacionalidad francesa, de corazón mexicano, un español casi perfecto y un deleite escucharla hablar con esa chispa y frescura; siempre en pro de las causas sociales, sobre todo aquellas en apoyo a las mujeres en situaciones de vulnerabilidad; siempre con talento, actitud y pasión por ayudar.

—Me encanta la festividad del Día de Muertos —me dijo un día, y al poco tiempo llegó con un tatuaje enorme de una catrina en la espalda.

Rescató a su perrita, la Chica, de ser atropellada. Compartimos el gusto por el yoga, la alegría, el buen vino y los quesos. Nos reímos a carcajadas, siempre, con una frase, una historia o una anécdota valiosa que contar. Elodie me inspira.

Un día de noviembre, que no recuerdo cuándo fue, me escribieron que Elodie había muerto, con tan solo 38 años.

Nunca imaginé que su muerte me enfrentaría con todas las etapas del duelo. Negación, resistencia, ira. Todas y cada una las viví a flor de piel con su muerte. Unas me duraron más, otras me duraron menos, pero estuvieron presentes.

Cuando ella murió, me enojé muchísimo. Negué su muerte. No podía ser. Le reclamé. Me tumbé en el sillón de mi casa toda una mañana y solo recuerdo las lágrimas resbalando por mis mejillas.

Meses después de su muerte, saltó en mi teléfono una foto de ella y, como siempre, la pasé rápidamente. Era incapaz de verla.

Pero ese día algo diferente sucedió. Ese día pensé que era un buen momento para leer algunos de los comentarios que la gente que la conocía hacía de ella y, de cierta forma, recordarla con amor.

Fui leyendo uno a uno los mensajes de la gente que la admiraba, que la quería, que le estaba agradecida. Su vida había traspasado todas las barreras que la muerte trae consigo.

Al final del día, no cabe duda de que nuestro liderazgo será medido por la cantidad de personas a las que hemos ayudado, transformado, impactado e inspirado. Si bien es cierto, ser un líder hoy implica dar resultados, cumplir los indicadores, ser duro con el objetivo, no desenfocarse de los números, estar al pie del cañón en la exigencia y la demanda laboral, aguantar, ser firme y constante, no flaquear. Pero también, y al menos para mí después de la muerte de Elodie, entendí que ser líder implica ir mucho más allá. Ser líder es ser capaz de influir en los demás; de hacer que los demás sean mejores como resultado de tu presencia; de ayudar al otro a crecer en sus talentos y fortalezas; de mostrar vulnerabilidad, empatía, conexión, humildad y sobre todo humanidad.

"Ser líder tiene todo que ver con inspirar a los demás".

Ese mismo día que me resistí a ver su foto, hice algo que había postergado por varios años: aceptar su muerte como una fuente de inspiración. Gracias, Elodie, por dejar esa huella imborrable en mi corazón. Hoy honro tu vida con estas líneas y sigo, como bien me lo pediste un día, "regalándole vida a mis días".

Preguntas de reflexión:

- ¿Quién ha sido una fuente de inspiración y liderazgo en tu vida?
- ¿Cuáles son las cualidades y características de las personas que te inspiran admiración y respeto?
- ¿De qué forma lo que estás haciendo hoy en día está teniendo un impacto positivo en los demás?

De la intención a la acción:

- Espacio libre para que puedas responder en un párrafo: ¿cómo te gustaría ser recordado?

> *Cada día es un nuevo día para empezar desde cero, con una página en blanco.*
>
> Brigitte Seumenicht

8

Simplifica
tu vida

Levántate siempre y di: "no me dolió"

Una de las grandes lecciones que he tenido en mi vida, me la dio mi hijo Luken un día que fuimos juntos al parque. De pronto salió corriendo rumbo al arenero, se tropezó y cayó fuertemente contra el piso. Me acerqué corriendo y pude ver cómo estaba tumbado con arena en la cara, un agujero en los pantalones y algunas heridas en el cuerpo. Le pregunté: "Mi amor, ¿estás bien?". Él me vio a los ojos, tomó fuerza, se detuvo en un respiro profundo, se incorporó, se sacudió los pantalones y me dijo: "Sí, mamá. Ni me dolió".

Quizá este dato te resulte revelador: cuando fuiste niño y aprendiste a caminar, te caíste alrededor de 17 veces por hora y jamás te cuestionaste ni te dijiste: "Caminar no es para mí. Mejor me dedico a otra cosa". Ahí estabas, cayéndote, levantándote, riéndote y llorando con cada caída, pero jamás te cuestionaste si caminar era para ti. Claro que no. Tenías ese fin último y lo ibas a lograr.

Es interesante cómo hay quienes, a la primera caída, al primer rechazo, a la primera movida de piso, se caen, se derrumban y pierden la fuerza para seguir.

La vida tiene muchos altibajos, así es, impredecible, bromista, incierta, inesperada, pero es importante recordar que, ya que estás abajo, la única siguiente opción inteligente que tienes es levantarte, sacudirte y decir "no me dolió".

En mi vida he tenido muchas caídas, unas más dolorosas que otras, pero no invierto ni dedico mucha energía en atormentarme con esos recuerdos. Soy demasiado pragmática y le doy vuelta a la página rápido. La práctica de las 24 horas que a continuación te voy a compartir sí que te recomiendo que la adoptes en tu vida. Desearía para ti que aligeraras la carga, que fueras más compasivo y te hicieras también más responsable de lo que te pasa, pero sobre todo de aquello que haces con lo que te pasa.

La vida en lapsos de 24 horas

Para mí, la vida se mide en 24 horas, y creo que si fuera más objetiva y honesta diría que se mide en 16, las 16 horas que cada día aproximadamente permanezco despierta.

Hay días que se hacen eternos. Hay gente que habla de rachas de períodos de tiempo en donde todo sale mal. Yo no lo creo, y de verdad no lo creo, porque mi vida se mide en 24 horas y eso me ha ayudado, no mucho, sino muchísimo.

Evidentemente hay cosas que no se solucionan en 24 horas. ¡Bueno fuera! Pero sí hay emociones, sentimientos y pensamientos que se acomodan distinto en 24 horas.

Cuando me di cuenta de que la vida se mide en horas

(poquitas) y que cuando te vas a dormir existe como un *reset* en tu mente y en tu cuerpo, me di la oportunidad de empezar desde cero, todos los días, con una página en blanco.

De esta manera, todo comienza a hacerse más fácil, más simple, menos tormentoso y complicado. Resultó ser una filosofía de vida que me permitió ser más positiva y menos dura conmigo misma; me permitió hacerme la vida un poquito más fácil.

Por ejemplo, tengo muy identificado que hay días en los que me siento mal o en los que las cosas se ponen difíciles. Pareciera que el ánimo decae a -1000 y que no tienes fuerza ni para respirar. ¡Sí, todos hemos tenido esos días!

Me ayuda pensar que no falta mucho para que eso se pase, que mi vida se mide en 24 horas y que, al día siguiente, después de dormir, podré seguramente tomar nuevas decisiones, dejar el pasado atrás y pararme con mayor voluntad.

Seguramente estás pensando: "Claro, Brigitte. Pero es que tú no sabes lo que yo estoy pasando en estos momentos" o "Si tú estuvieras en mi lugar, sabrías que de verdad no es tan fácil muchas veces darle la vuelta a la página". Y lo entiendo. Yo también he pasado por días difíciles y estoy segura de que hay situaciones de las cuales cuesta mucho salir; te quitan el sueño, el hambre, el ánimo y las fuerzas. Todos, absolutamente todos, hemos vivido cosas duras.

Recuerdo cada uno de mis siete embarazos. Recuerdo haber estado ilusionada con lágrimas de emoción al ver la prueba positiva que confirmaba algo tan anhelado y esperado. Recuerdo cada uno de los días grises donde todo sueño se desmoronaba. Recuerdo quererme desconectar del mundo por momentos. Es duro vivir las despedidas cuando son inesperadas.

Pero mis 24 horas no me han fallado, porque sé que cada día algo pasa que acomoda todo y pone las piezas en su lugar. Y sé que, aunque en el momento no lo pueda ver, algún día lo entenderé.

Nuevamente, los niños son expertos en esto. Un niño se puede ir regañado fuertemente por sus papás una noche antes y al día siguiente saludar con una sonrisa y estar listo para dar un abrazo como si nada hubiera pasado.

De hecho, nos llevan maestría en eso. Hay niños que en cuestión de segundos le dan la vuelta a la página. Posiblemente, te ha tocado presenciar una pelea entre niños y ver cómo en cuestión de segundos es mucho más importante seguir jugando que permanecer enojados. Hay mucho que aprenderles, ¿no crees?

No vayas por la vida acumulando tus horas malas. No vayas por tu vida pensando en semanas y meses de mala racha. No vayas por tu vida cargando tus malos momentos. Nunca creas que eso que sientes será eterno; nada lo es. No te lastimes; no te hace bien. Sé práctico. Hazte ese favor y piensa en 24 horas o en 16 o en 8 o en minutos o en segundos, pero deja atrás lo de ayer. No lo cargues; son maletas muy pesadas que te impiden avanzar.

Recientemente le conté a mi hermano una situación muy difícil que enfrenté a nivel personal. Me sentía devastada. Sentí que el mundo había caído encima de mí, y estas fueron sus palabras:

"*This too shall pass*" (esto también pasará).

Y yo le agregaría "*in less than 24 hours*" (en menos de 24 horas).

La regla de los dos minutos para simplificar tu día

Creo que esta regla puede cambiar tu vida. La aprendí en el libro *Getting Things Done* de David Allen y la promuevo sobre todo con gente que veo que tiende a procrastinar.

De tus pendientes y preocupaciones del día, vas a analizar cuáles son accionables en menos de dos minutos y los vas a hacer ya. No vas a dejar pasar ni un día más con ese pendiente en tu cabeza. **Cuando tienes tareas, actividades o pendientes en tu cabeza sin completar, le estás robando energía a cosas más importantes y espacio a tu memoria.** Estar todo el día pensando en que no se te olvide hablarle a tu amigo por su cumpleaños drena la energía. Si la acción lleva menos de dos minutos, háblale ya y no lo traigas cargando contigo todo el día.

Ese pago que tienes que hacer, ese formato que tienes que revisar, esa cotización que tienes que enviar, ese mensaje de feliz cumpleaños, esa llamada, esos papeles desordenados en tu escritorio, ese asunto que no has arreglado, esa cita...

En fin, son muchas cosas que por desidia, por flojera o por el "¡luego lo hago!" vamos acumulando y traemos cargando todo el tiempo, mientras pensamos: "Tengo que..." o "Que no se me olvide que...".

Dos minutos. Son dos minutos los que simplificarán tu día y te liberarán de un peso y una preocupación enorme. Inténtalo y te sorprenderás.

Hazlo simple

El corporativo de Mercedes-Benz en México me llamó para liderar una iniciativa llamada "Hazlo simple". Su objetivo primordial era revisar con detenimiento cada proceso para que, a través de la generación de nuevas ideas, se pudiera optimizar. No olvidaré la gran sorpresa de los participantes al darse cuenta de cómo, de forma práctica, podían hacer cambios significativos en cosas que venían haciendo de forma repetitiva y automática sin grandes resultados.

Mientras más vivo la actitud *Yo Me Encargo*, más pienso en la importancia de hacer las cosas simples. No confundamos hacer las cosas de forma simple con hacerlas "sin chiste", "aburridas" o "sin contenido". ¡No! Hacer las cosas de forma simple me parece que puede llegar a ser un reto mayúsculo en comparación con hacerlo complejo.

Es fácil hacer una presentación con muchos *slides*. Es fácil incluir toda la información y contenido posible.

Lo difícil es sintetizar en pocos puntos el mensaje que quieres dejar.

Es fácil contar una historia perdiéndote en los detalles y hacerla larga y aburrida. Lo difícil es cautivar a tu audiencia con un mensaje profundo, bien estructurado y en poco tiempo.

Es fácil hacer un proceso de compra complicado: de esta liga ve a la que sigue y a la que sigue, completa tus datos, anota tu fecha de nacimiento y de graduación, indica tu color favorito, ve a pagar al banco, no aceptamos tarjeta de crédito o cobramos comisión por pagar con tarjeta de crédito... ¡Por Dios! Cualquier cliente se irá; se irá con quien se lo ponga fácil, simple.

De hecho, **qué difícil debe ser, ser difícil con el cliente.**

Como clientes, amamos las empresas y las marcas que nos hacen la vida simple. ¿Por qué nos gusta Amazon? Porque cuando estoy tecleando el producto que estoy buscando me da las sugerencias para completar la frase. Si pongo "mantel", Amazon se encargará de completar la frase: "para mesa cuadrada, redonda, rectangular". Con un clic lo compro, y con un clic y una serie de opciones de respuesta lo puedo devolver. Así de simple.

"La simplicidad consiste en sustraer lo obvio y añadir lo significativo".

Todavía recuerdo cuando descubrí hace ya varios años a Alexander Osterwalder, creador del *Business Model Canvas*. En un *Canvas* de una sola hoja planteaba de forma extraordinaria la posibilidad de visualizar todo un modelo de negocio de forma sencilla, objetiva, estructurada, profunda y muy práctica.

Años atrás, se valoraba que como negocio tuvieras una tesis completa de 400 páginas de tu modelo de negocio, y Alexander le dio al clavo. ¿De qué forma tanto yo como mis socios (si es que los tengo) podemos entender nuestro modelo de negocio plasmado en una sola hoja que recabe toda la información que es importante?

Incluso Mark Zuckerberg ha explicado reiteradamente por qué se viste siempre de sudadera o playera gris: "Quiero que mi vida sea sencilla y tener que tomar **la menor cantidad posible de decisiones** sobre cualquier cosa excepto la forma de servir mejor a esta comunidad". Y añadió: "Siento que no estoy haciendo mi trabajo si **gasto energía en cosas tontas y frívolas** sobre mi vida".

¿En qué cosas podrías aplicar un poco más de simplicidad?

Va a sonar un poco fuerte, pero **tenemos que ser más simples con nuestras expectativas y nuestras exigencias en la vida.** ¿De verdad necesitamos todas esas exigencias para vivir una vida que quizá tristemente ni siquiera nos hace feliz?

¿Has escuchado que compramos cosas que no necesitamos, con dinero que no tenemos, para impresionar a gente que no queremos? ¡Por supuesto que no aplica para todas las cosas! Muchas de ellas sí nos dan cierta felicidad (momentánea) cuando las compramos. Lo que creo que es importante es cuestionarnos rigurosamente, y más en estos tiempos, si todas las exigencias de aquello que "creemos necesitar" son realmente necesarias. Y debemos ponderar muy bien qué sí agrega y añade valor a nuestra vida, y qué no.

Puedes aplicar la simplicidad en tus reuniones de trabajo, tus proyectos y tus actividades. Piensa en productividad: haz más con menos. Gánale tiempo al tiempo. ¿Esa junta de una hora bien planeada se puede hacer en 30 minutos? ¿Va a servir de algo tocar todos los temas de la semana o del mes en una reunión de cuatro horas donde a las dos horas ya no tendrás la atención ni la energía de la gente presente? ¿Ese correo electrónico que vas a enviar de una página lo puedes resumir en un párrafo o, mejor aún, en una llamada breve? ¿Esa reunión agendada en Zoom puede hablarse en una llamada por teléfono corta? Hazlo simple y sé juicioso con tus decisiones.

Revisa los procesos internos en tu departamento u organización y busca aquellas brechas donde el proceso se vuelve complejo y está estancado. Por inercia, hacemos y repetimos las cosas que hace tiempo nos funcionaron como empresa, pero haríamos mucho mejor en revisarlas y buscar optimizarlas. Implica tiempo y ganas de pensar.

Regálale un poquito más de simplicidad a tu mente. Sé muy selectivo con las personas y el contenido que sigues, y sobre todo con la cantidad de información que consumes. No te abrumes con tanta cosa; perderás el foco. También aplica el no estar pensando 1,000 veces por qué me dijo lo que me dijo, o por qué hizo lo que hizo, o por qué se comportó de esa manera. Sí, está bien reflexionar, pero de verdad te invito a ser más práctico, analítico y estratégico en esas situaciones a las que les llevas dando vueltas. No ahondes tanto en lo que no puedes cambiar ni controlar. Te dará un enfoque distinto de la vida y de lo que debes lograr.

En mi casa, de tener accesorios, adornos y muchos cojines en la sala, cambiamos a una sala con dos adornos significativos y tres libros que nos encantan. De una cocina con muchos electrodomésticos, pasamos a tener solo los que realmente usamos. Y de espacios de trabajo multifuncionales (muchas veces mis hijos hacían la tarea en el comedor), pasamos a espacios asignados específicamente para el trabajo y el estudio. Y no me malentiendas; no se necesita de una casa grande para hacer cambios. Por el contrario, volvamos al tema: ¡hazlo simple! Solo es cuestión de organizarse y de tener claridad para poder adecuar.

"Lo más importante que tienes en la vida no es el tiempo; es tu energía. Decide en qué y con quién la inviertes para simplificar tu vida".

Preguntas de reflexión:

• ¿Qué sentimientos, pensamientos, recuerdos, objetos y cosas materiales estás acumulando que realmente no necesitas?

• ¿Qué procesos en tu organización se deben simplificar o eliminar urgentemente?

• ¿Qué actividades o tareas no están agregando valor a tu organización, tu trabajo o tu vida personal?

De la intención a la acción:

• Haz un listado de aquellos procesos, tareas o actividades en tu vida profesional y personal que podrías eliminar o simplificar.

- *Haz un listado de aquellos procesos, tareas o actividades en tu vida profesional y personal que podrías delegar.*
- *Ordena tus espacios de trabajo, así como aquellos en tu casa. Regala la ropa que hace un año no utilizas; elimina papeles, notas y documentos que ya no necesites; revisa tus cajones y deshazte de aquello que ya no te sirve. Verás cómo sientes que te liberas de una gran carga.*
- *Incorpora la regla de los dos minutos en tu vida.*

> *No solo voy a cumplir tus expectativas; voy a hacer todo para superarlas con creces. De eso, de eso yo me encargo.*
> Brigitte Seumenicht

9

Supera las expectativas

Llegué al Salar de Uyuni en Bolivia, el mayor desierto de sal continuo y alto del mundo. No puedo olvidar lo que vi. Difícilmente el paisaje hubiera podido superar mis expectativas. Me habían contado algo sobre el Salar, pero nunca imaginé tal esplendor de la naturaleza.

Anduvimos en una camioneta en medio de un desierto cubierto de sal blanca, tan blanca que se reflejaba en tus ojos e impedía que vieras con claridad.

—¿Cómo sabes a dónde dirigirte? —le pregunté al chofer que manejaba la camioneta.

—Las montañas nos guían —me contestó con seguridad.

Cuando recuerdo ese viaje no puedo dejar de pensar en la perfección de la naturaleza. Soy una amante de la naturaleza; creo que, si la observáramos más y fuéramos mucho más atentos, aprenderíamos muchas cosas que hoy queremos inventar.

También creo que no hay mejor enfermera para un cuerpo cansado que la naturaleza. Todo lo cura.

Creo que tiene que ver con lo que te contaba al inicio de este libro: vivir en lugar, en plena naturaleza, te hace confirmar que perteneces a ella.

Estando en el Salar de Uyuni, minutos antes del atardecer, vi el horizonte y pensé en una pregunta que tenía que hacerles a mis clientes al cierre de una conversación, siempre, sin fallar.

¿Cómo puedo yo, a través de mi trabajo, superar sus expectativas? Y esa frase se convirtió en la frase de cierre que tengo a partir de entonces con cada uno de mis clientes.

¿Cómo puedo superar tus expectativas?

Hace poco me pasó algo curioso con un nuevo cliente en Daimler Chrysler. Parecía entusiasmado con mi propuesta. La conversación, aunque rápida, había fluido bien. No desaproveché la oportunidad e hice la pregunta poco antes de finalizar: "¿Cómo puedo superar tus expectativas?". Él contestó algo que nadie antes me había contestado.

Déjame hacer un paréntesis. Normalmente esta pregunta me ayuda mucho a entender las expectativas reales de una conferencia, una consultoría o algún programa de los que ofrecemos. Cuando hago esta pregunta, recibo información muy valiosa sobre lo que el cliente está esperando. Pudimos haber tenido una hora de conversación en la que el cliente me dijo muchas cosas, pero, al finalizar preguntando: "¿Cómo puedo superar tus expectativas?"; la gente me dice en una o dos frases por qué me está contratando. Bueno, al menos ese ha sido mi caso. Las respuestas siempre son muy diversas: "quiero que sorprendas a la gente", "quiero que la gente recuerde tu conferencia como la mejor experiencia del evento", "quiero que este programa eleve el indicador que tenemos para medir el éxito", en fin.

Retomando la historia con el cliente que te comentaba, le hice la pregunta y me contestó:

—Puedes cumplir (ojo, no superar) mis expectativas si realmente entregas lo que prometes.

—¿Podrías ampliar un poco más? —le pedí.

—Hay muy buenos vendedores. He visto currículos impresionantes. Pero a la hora de la verdad solo entregan el 10% de lo que dicen. El otro 90% es paja, es engaño, no es lo que me vendieron. ¡Espero que tú no seas uno de esos!

No voy a negarte que la respuesta sí que fue distinta a las que había escuchado anteriormente, y por algunos segundos me quedé pensando en lo que tenía que decir.

¿Cómo garantizar que eso no iba a pasar? ¿Cómo cumplir sus expectativas? ¿Cómo ser estratégica con un comentario final que lo dejara tranquilo a él y, por supuesto, a mí también?

—Me voy a anticipar para que esto no suceda y voy a requerir de ti en el camino para poder lograrlo —le contesté.

Ahora, no pienses que le quise recargar la responsabilidad a él para así tener un argumento a mi favor y, si algo salía mal, hubiera con qué justificarme. ¡Claro que no! El tema es más profundo y lo considero importante para que puedas cumplir en forma con tu trabajo y establezcas claramente las expectativas de tu cliente, siempre.

No hables de más. No sé por qué pasa que, cuando vas a vender algo, te gana la emoción y te sientes súper poderoso: ofreces de más, te comprometes con cosas que ni sabes hacer y das fechas de entrega difíciles de cumplir. Esto pasa mucho en diferentes sectores; no voy a mencionar ninguno porque no creo que sea exclusivo de un perfil, pero pasa. ¿Cuántas veces has comprado algo y el vendedor te prometió una fecha, o te dijo que iba a hacer su trabajo de tal manera, o incluso te pidió un anticipo y jamás cumplió? Si das una fecha, cúmplela. Si no vas a poder, avisa con tiempo. Si no lo puedes hacer, mejor dilo. Si no sabes hacerlo, dilo aún más fuerte. Si no es lo tuyo, piensa si te estás arriesgando de más y si esto puede perjudicar tu credibilidad profesional. Piensa en qué es lo que llevas de perder, pero no te comprometas ni hagas creer al cliente que eres quien en verdad sabes que no eres.

Esto tiene que ver con un segundo punto que también es muy importante. El primero fue: **no hables de más ni te comprometas de más**. El segundo sería: **asegúrate de establecer muy, pero muy bien, las expectativas**.

No entiendo nada, Brigitte. Si ya le mandé mi presentación; ya dejé claritos y desglosados mis servicios en una propuesta, contrato o cotización, y ya vio en algún lado mi trabajo o vengo recomendado, ¿es necesario que sepa algo más?

Sí. Es necesario que tu cliente tenga claras sus expectativas de tu trabajo y de trabajar contigo, y que te lo comunique.

Hazle preguntas como las siguientes:

¿Cómo puedo asegurarme de ofrecerte el mejor servicio?
¿Qué esperas de mí?
¿Cómo visualizas el entregable?
(Y que te lo diga lo más detallado y específico posible).

Si tu cliente no tiene idea, ayúdalo. Dile claramente punto por punto cómo vas a trabajar: cuál es la agenda, el calendario, el programa de trabajo, los tiempos, las alternativas y, por supuesto, de qué forma vas a ir cumpliendo. Yo me he llevado grandes sorpresas en este sentido. Hay gente que quiere que después de un programa de capacitación, por ejemplo, le envíes una tesis de todo lo que se hizo: "Quiero un reporte con los comentarios de cada uno de los participantes, los hallazgos y descubrimientos de tu parte". O hay quien quiere algo de pre-trabajo o post-trabajo, donde cada participante reciba videos, lecturas o ejercicios. Todo esto lo tienes que establecer con el cliente antes de cerrar cualquier contrato. Con esto puedes evitar muchos desacuerdos, muchos malentendidos y, sobre todo, que el cliente piense que no cumpliste con lo que ofreciste.

Tener una conversación de expectativas es necesario, sea lo que sea que vendas y ofrezcas. En alguna ocasión, un director de ventas de seguros me comentó:

—El problema mayor que tenemos con nuestros clientes es que preguntan por sus pólizas de seguro interesándose por lo que les cubre. Pero, en mi experiencia, me he dado cuenta de que es más importante sentarte con tu cliente y, al venderle la póliza, asegurarte de que dejas muy claro aquello que no cubre.

Establece qué sí y qué no; hasta dónde; cuáles son los alcances; si el entregable es una presentación, un reporte, una hoja de Excel, una llamada telefónica o una carpeta... *you got the point*. Entiende las expectativas de tu cliente y deja en claro si las vas a cumplir o no.

Y, por último, una de las maneras de superar las expectativas de tus clientes y de hacer un mejor trabajo es abrir los canales de comunicación para conocer sobre su experiencia contigo.

¿Qué les pareció o les parece trabajar contigo?
¿De qué forma lo puedes hacer mejor?
¿Qué funcionó bien y qué podría haber sido mejor?

No termines ninguna relación laboral sin explorar estos temas. Algunas veces el cliente está dispuesto a compartir y otras no tanto. Yo te recomiendo siempre preguntar y escuchar con mucha apertura. No siempre todo es color de rosa. En ocasiones, el cliente te dice cosas que son fuertes, duras. A veces las puedes sentir agresivas o malintencionadas, o puedes simplemente no estar de acuerdo. Pero, si estás listo para recibir, puedes obtener un gran regalo de lo que la gente te dice.

En conclusión, no le quedes mal a la gente con tu trabajo. Dañas no solo tu imagen, sino la de muchos otros que se dedican a lo mismo. Entrega a tiempo, pon las expectativas claras en la mesa, mantente abierto a la retroalimentación y, sobre todo, siempre entrega un poco más, un 10% adicional, para que el cliente al final diga fuerte: "No solo cumpliste mis expectativas. Las superaste por mucho, mucho más".

Todo lo que hagas, hazlo con excelencia absoluta

En alguna ocasión, trabajando en Volkswagen, mi jefe tenía que firmar las órdenes de compra que en ese entonces se hacían en papel y se mandaban por fax al proveedor.

De pronto, llegué a mi escritorio y vi que me había regresado todas las órdenes de compra sin firmar. Junto a ellas, había un mensaje que decía: "Esto es un trabajo muy mal hecho. Están mal impresas".

Y sí, algo había pasado con la impresora y yo, en mi afán por sacar el trabajo a tiempo, no cuidé de revisar a detalle la impresión correcta y no desalineada del texto de la orden de compra.

"Esto es un trabajo mal hecho" fueron palabras que no podía olvidar. Bueno, no las he olvidado, tanto así que sigo hablando del tema. Pero fue una gran lección. No podemos hacer las cosas, como decimos en México, "al ahí se va", "al aventón", "a las prisas".

—Brigitte, pero *hecho es mejor que perfecto* —me dijo Jorge, cliente y ahora amigo mío, con quien trabajé varios proyectos de creatividad e innovación para Nivea.

Creo que es verdad: más vale hacer las cosas que no hacerlas; pero sigo pensando que es importante cuidar la excelencia y los detalles. Sigo pensando que **cuando haces las cosas con excelencia la gente lo "medio nota", pero cuando haces las cosas al aventón lo notan muchísimo.**

Y, para ser honestos, todos tenemos nuestras áreas en las que somos bien hechos y en las que de plano no tanto. Hay personas que son increíbles cuando se trata de ordenar y clasificar información; hay quien redacta muy bien y relee lo que envía; hay quien organiza un evento sin complicación alguna, e incluso hay quien es extremadamente bien hecho al tender su cama por la mañana. Pero estas mismas personas tienen sus áreas de quiebre también.

¿A qué voy con todo esto? Creo que hay cosas en las que tenemos que cuidar mucho la excelencia, morirnos en la raya, proyectar lo que queremos vender. Te quiero compartir dos aspectos que todo profesionista debe cuidar para que no se vea que hizo las cosas sin prestar atención:

Tus entregables. Si tuviera que resumir este primer punto, te diría que es todo aquello que se relaciona con tus entregables: documentos, piezas en una línea de producción, presentaciones, reportes, correos electrónicos, trabajo en general. Cuidar, por ejemplo, la presentación, redacción y ortografía es un básico de básicos. Ya lo has oído, pero es que de verdad no puedes creer lo mucho que puede afectar esto tu carrera. Tómalo en serio. Aprender a redactar correctamente un correo electrónico, sin faltas de ortografía y con una buena secuencia o lógica, es muy importante. Te lo voy a decir así sin más: puede ser lo que te lleve al ascenso o, por el contrario, lo que otros vean como un gran obstáculo de crecimiento. Y te lo digo porque he visto cómo este es un tema que se pone en la mesa en una cuestión de promoción de candidato: "Es muy competente, solo que tendríamos que trabajar mucho en la habilidad de redacción y ortografía". Esta es una habilidad transferible, que puedes desarrollar y mejorar. Pero adelántate; sé consciente de que es algo en lo que debes mejorar. Emula la forma correcta en la que otros lo hacen en tu organización; apóyate de tantos y tantos correctores de estilo que existen hoy; pide a otros que revisen lo que vas a enviar. A mí me pasa muchísimo que voy tan encarrilada que no veo el error. No sé cómo le llamen a ese efecto (supongo que es atención), en el que ya no ves lo que tienes que ver aun cuando lo has visto miles de veces.

Pero esto aplica a todo lo que entregas. Todo lo que entregas habla de ti, del producto final que estás poniendo a los ojos de los demás.

Si tú eres por donde pasa el filtro de calidad, más atención debes prestar al detalle. Entiendo que debes confiar y delegar, pero si trabajas en un equipo y tú estás como líder debes cuidar aún más los detalles de lo que se presentará o entregará.

Excelencia en el trato. Como segundo punto, me parece que es de suma importancia cuidar la excelencia en el trato que tenemos con los demás: evitar las interacciones "al ahí se va", estar mucho más presentes cuando nos comunicamos con otros y asegurarnos de que, cada que alguien tenga contacto con nosotros, se lleve una buena impresión. Hay muchos comportamientos de "ya, me vale"; por ejemplo, he visto en la colonia donde vivo mamás manejando que van con sus hijos y se meten diez metros en sentido contrario con tal de evitarse una vuelta. Eso es hacer las cosas al aventón, mal hechas, con todo el riesgo que eso conlleva, por supuesto. En la oficina, tener interacción al aventón es no saludar; no escuchar cuando el otro te está hablando; ver el teléfono en una junta; teclear en tu computadora o responder una llamada mientras otro quiere comentarte algo; estar a la defensiva todo el tiempo, de malas, serios o enojados. ¿Sabes cuál es la buena noticia de todo esto? Que está en tus manos ser una persona que supera las expectativas y que, por supuesto, no interactúa de esa manera con los demás.

Hay una frase que dice: **"Sé la persona más amable que conozcas"**. Al menos ten, como te decía anteriormente, la intención de serlo.

Creo que no nos damos cuenta del poder que tiene ser extremadamente cuidadosos y detallistas cuando interactuamos con otros, y mucho menos del cambio positivo que esto refleja en nuestras vidas.

Preguntas de reflexión:

- *¿En qué aspectos de tu vida profesional tienes áreas de oportunidad para hacer las cosas con mayor esmero y excelencia?*

- *¿Qué crees que le haga falta a tu producto, servicio o marca para superar las expectativas de tus clientes?*

- *¿Qué ideas vienen a tu mente que tu cliente valoraría y le sorprenderían?*

- *¿Cada cuánto pides feedback del trabajo que has realizado?*

De la intención a la acción:

• *Identifica puntos de contacto con el cliente en los que puedas mejorar la impresión que tiene de ti y su experiencia contigo.*

• *Realiza un brainstorming con ideas que añadan valor a la experiencia del cliente.*

• *Elabora una guía de cinco preguntas que le puedas hacer a tu cliente después de brindarle el servicio, y que te puedan ayudar a hacer mejor tu trabajo la próxima vez.*

• *Siempre que tengas una negociación, pregúntale al cliente: "¿Cómo puedo superar tus expectativas?".*

> *Sé que sigo bailando, como cuando era niña, solo que ahora lo hago escribiendo y hablando.*
> Brigitte Seumenicht

10

Celebra la vida

El vuelo de avión se había retrasado. Después de un día largo de trabajo y estar mentalmente agotada, lo único que quería era agilizar el tiempo para estar nuevamente en mi casa. Si hacía el cálculo en horas, sabía que eso no sucedería y que, si bien me iba, llegaría después de medianoche, ya en la madrugada.

En la sala de espera se encontraba sentado, al lado de mí, un señor que rondaba los 60 años. Se veía que había estado de trabajo y que, al igual que yo, esperaba el vuelo de vuelta a casa. Sin embargo, no se le veía cansado, ni agobiado, ni impaciente; por el contrario, parecía en paz y relajado. Su armonía y serenidad me invitaban a prestar mayor atención. Suele pasar que cuando estoy en un aeropuerto aprovecho para observar a la gente. Los aeropuertos me abruman un poco. Es demasiada información la que hay que asumir en corto tiempo; por lo tanto, busco en qué historias me quiero enfocar y en quién o en qué voy a invertir mi energía. Ese día, decidí enfocarme en él.

¿Qué podía hacer que estuviera tan tranquilo? ¿Qué tantas cosas habría tenido que vivir para estar en paz? ¿Cómo lograba ese balance en su vida? ¿Era la experiencia, eran los años, era una filosofía de vida?

Mis preguntas mentales fueron interrumpidas por la voz de la sobrecargo al micrófono que anunciaba:

"Estimados pasajeros, lamentamos informarles que su vuelo será retrasado una hora y media más. Pedimos una disculpa y agradecemos su comprensión".

La reacción en mi cara al escuchar el anuncio debió de haberlo dicho todo. ¡Una hora y media más! Más 2 horas de vuelo, más bajar del avión por las maletas, más 50 minutos del aeropuerto a mi casa, más el cansancio acumulado del día y aparte tener que despertarme al día siguiente a las 5:30 a.m. para hacer desayuno y *lunch* de los niños. Quería llorar.

Pero no es la primera vez; esto pasa todo el tiempo. Así es el tema de viajar y te acostumbras, pero hay de días a días. Ese día no estaba yo muy optimista. Las cosas a nivel laboral no habían salido tan bien como yo hubiera deseado; un proyecto al que le traía mucha fe y en el que había invertido mucho tiempo no se había logrado concretar, y estaba algo desanimada y triste.

—Así pasa con los viajes, ¿verdad? —me dijo el señor al ver mi reacción, como si hubiera leído mis pensamientos tan solo de observarme.

—Sí, hay cosas que salen de nuestro control —le contesté queriendo ser amable y validar su opinión.

—**Lo bueno de la vida es que todo lo que nos pasa, absolutamente todo, es para bien** —me contestó.

¿Qué se debe decir después de eso? "No, señor. Está usted equivocado; no todo es para bien"; "¡Ay, señor! ¿Qué sabe usted de lo que yo estoy viviendo o viví hoy?", o "¿Cómo va a ser todo para bien?".

Decidí quedarme en paz con lo que me dijo; decidí aceptarlo como una verdad en mi vida; decidí que era una lección inteligente que debía adoptar, una nueva filosofía para enfrentar lo que pasa día con día; decidí compartirlo con mis hijos como un pensamiento fuerte para ser más optimista y para confiar más en la vida.

Hoy quiero invitarte a que celebres que todo ha sido para bien en tu vida. Que sea lo que sea que hayas vivido o estés viviendo es porque lo tienes que vivir y porque eres capaz de sobreponerte a eso y más. Que eres más fuerte de lo que pensabas. Que, por más complicado que se vea, todo, absolutamente todo, es para bien.

Después de doce años de mi despido, hoy celebro mi vida por todo lo que he logrado, con sus éxitos y sus fracasos, con esta sensación de paz y libertad que me permite ser yo, toda yo en la extensión de la palabra, y que me permite compartir contigo en lo que creo y lo que me ha llevado a este lugar tan anhelado en el que tú, estoy segura, también puedes estar.

"Todo es para bien".

No te tomes la vida tan en serio; no saldrás vivo de ella

Todos los días me levanto a las 6:30 a.m. a hacer ejercicio. Sé que si hago ejercicio voy a estar bien durante el día. Sé que de ahí soy y que me ayuda a ser y estar mejor. Es parte como de una fórmula mágica, de algo que funciona a la perfección conmigo. Si hago ejercicio, estoy bien; si no hago ejercicio, no tanto. El lema del lugar al que voy a hacer ejercicio es #ladisciplinanoesnegociable. Si confiáramos en nuestra motivación para hacer ejercicio, muy factiblemente iríamos de vez en cuando a hacerlo; sin embargo, cuando es una cuestión de disciplina, la motivación pasa a un segundo plano.

En las paredes del lugar, hay mensajes motivacionales por todos lados; sin embargo, hay uno en grande que dice: "Un día menos". Supongo que se refiere a que, al inscribirte, aceptas ser parte de un "reto de 52 días de ejercicio"; por lo tanto, cada día que pasa es un día menos para lograr tu meta. Para mí, el reto es irrelevante. Lo importante es hacer ejercicio de forma constante. ¿Y el mensaje? El mensaje que me llega cuando volteo a ver esa frase es que tengo que vivir con intencionalidad mi vida, que cada día me queda un día menos.

Posiblemente me estás visualizando, sudando la gota gorda en mis clases, concentrada en que me salga la sentadilla perfecta o logrando cargar muchos kilos de las mancuernas. Pues nada hay más alejado de la realidad. Voy porque me divierto, voy porque me gusta la música, voy porque me río, voy porque muevo mi cuerpo, voy porque ayudo a mi corazón a latir, voy porque me hace bien, voy porque soy yo. Voy porque me queda un día menos y quiero seguir viviendo.

Me río de mí misma en las clases y me río con mis compañeros. Los animo a salirse de la seriedad y a que me acompañen mientras bailo. Me salgo de la rutina y soy rebelde, pero no falto al respeto ni hago sentir a nadie incómodo; solo no me lo tomo tan en serio. Ya hay muchas cosas que en mi día a día requieren de mi completa formalidad y seriedad; por lo tanto, me regalo ese espacio para reírme, divertirme y bailar.

Ríete y diviértete un poco más. De eso se trata la vida.

Todo es cuestión de gratitud

¿Qué hace que sea importante llevar una práctica de gratitud en nuestra vida?

Lo voy a poner simple. Cuando tú practicas la gratitud, generas emociones y sentimientos positivos en ti, lo cual tiene como consecuencia que te sientas más feliz. ¿Qué más puedes pedir?

Hay muchos estudios que sustentan lo que te estoy comentando. En un estudio hecho por la Universidad de California, se les pidió a los participantes que expresaran gratitud durante 30 días. Querían ver qué tan felices se sentían al inicio y al final del experimento.

En los resultados, los científicos descubrieron que la gente se sentía un 25% más feliz cuando expresaba gratitud. Por supuesto que es difícil medir la felicidad, pero, como te decía anteriormente, es un sentimiento, una emoción positiva, y basta con que puedas expresar que te sentiste más feliz, que lo sentiste dentro de ti.

John F. Kennedy decía: "Cuando expresemos nuestra gratitud nunca debemos olvidar que el reconocimiento más grande no está en pronunciar las palabras, sino en vivirlas".

Pero no solo es eso. Hay muchos estudios que revelan que sentir gratitud tiene los siguientes beneficios:

- Te hace sentir con más energía.
- Desarrolla tu inteligencia emocional.
- Reduce la ansiedad, el estrés y la depresión.
- Mejora tus relaciones con los demás.
- Te ayuda a dormir mejor.

Y todo esto ocurre de manera gratuita. ¡Qué increíble!, ¿no lo crees? Estamos desaprovechando un gran recurso que trae enormes beneficios a nuestra vida.

De forma muy personal, te cuento que hace aproximadamente dos años leí el libro *The Magic* de Rhonda Byrne. El libro te lleva a una práctica de 28 días con diferentes ejercicios para expresar gratitud. No solo fue divertido; también resultó revelador poder abrir los ojos ante tantas cosas por las que puedes estar agradecido. Sin mentir, durante ese tiempo sí tuve sentimientos muy positivos en relación a mi vida y lo que sucedía en ella.

No es de extrañar que hoy en día muchos líderes y muchas personas en general lleven un *Diario de gratitud* que les permita registrar y ser conscientes de todo aquello que agradecen.

Ahora bien, ¿cómo poner en práctica la gratitud? Bueno,

una opción, como te decía, es comprar el libro *The Magic*, o puedes seguir la siguiente recomendación que te voy a dar.

Vas a dedicarle solo cinco minutos de tu día a este tema, cinco mintuos. No es nada; piénsalo bien. Te garantizo que esos cinco minutos van a traer consigo múltiples cosas positivas. Solo sé constante; no claudiques.

Vas a buscar algo que haya sucedido en las últimas 24 horas y que te haga sentir gratitud; pueden ser una, dos, tres o incluso 20 cosas. Pero no caigas en la trampa de hacer un *checklist* de forma metódica y sistemática por cumplir con las 20 cosas. Eso invalidaría el descubrimiento y la conexión con las emociones que te genera aquello por lo que estás agradecido. Está bien que escribas 20 o una, siempre y cuando te permitas recrear la emoción que te genera eso por lo que estás agradecido.

Por ejemplo:

- Quizá estás muy agradecido por esos momentos en la mañana en los que tomas tu café tranquilamente y puedes establecer tu intención del día sin interrupciones.
- Quizá estás muy agradecido por ese maravilloso beso y abrazo que te dio tu hijo de manera inesperada.
- Quizá agradeces que todo haya salido bien en la junta con tu jefe o haber tenido un momento de aprendizaje profundo gracias a una conversación.

En fin, son miles de ejemplos los que podría ponerte, pero quiero que identifiques claramente las emociones que se generan en ti cuando agradeces. El hecho de que mi hijo me abrazara me hizo sentir mucho amor, pertenencia y paz. El haber logrado que todo saliera bien en la junta me hizo sentir confianza, seguridad y que voy por buen camino.

Entonces, agradeces y conectas inmediatamente con todas esas emociones y sentimientos que te elevan el alma y el espíritu, y que te hacen sentir mejor.

Una invitación también importante es que busques cosas por las que estás agradecido en relación a quien tú eres:

¿Qué agradeces sobre ti?

Esto puede ser profundamente retador, ya que no volteamos muchas veces a ver todo lo bueno que hay en nosotros. Pensaríamos que es egocentrista o narcisista, pero es muy loable que descubras qué agradeces de ti. Implica darte crédito de lo bueno que eres en algo.

Duerme con una almohada de conciencia tranquila

Hace años, muchos años, no sé ni dónde ni de quién ni cómo, llegó esta frase a mi vida: "Vete a dormir siempre con una almohada de conciencia tranquila". Y la adopté como parte de mi modelo de éxito. Hacer las cosas bien está bien. Hay muchas oportunidades en la vida para tomar malos caminos y malas decisiones. Y todos en algún momento hemos caído en la trampa; es parte de ser humanos imperfectos. Pero a la larga he aprendido que no puedes tener éxito en la vida si estás haciendo las cosas con alevosía y ventaja, dañando a otros, robando, enmascarando, burlándote, transando. Yo prefiero saber que lo que tengo y lo que he logrado ha sido porque lo he trabajado, y que llegando a casa a la hora de dormir puedo estar absolutamente tranquila de ello.

La vida se disfruta mucho más cuando no tienes pendientes con nada ni con nadie.

¿Que si no tengo preocupaciones? Sí, todos los días. Pero antes de dormir tomo mi libreta de *Registro de preocupaciones* y eso me permite dormir más tranquila.

Te muestro cómo funciona. En mi libreta tengo cuatro columnas:

PREOCUPACIÓN	SOLUCIÓN	ACCIÓN	RESPONSABLE

Preocupación. Empiezo por registrar mis preocupaciones. Libero todas de mi mente, incluso las más insignificantes. Las tengo que registrar porque esto me ayuda a no recordarlas en la noche. Solo con una mente clara y despejada podrás descansar mejor.

Se trata de tener un lugar donde puedas registrar lo que tienes que hacer, tus pendientes y tus preocupaciones, y que no sea necesario confiar en tu memoria para almacenarlo.

Muchas veces, esa memoria te recuerda en los momentos menos apropiados cosas que tienes pendientes y que evidentemente en ese momento no puedes atender, lo cual lo único que genera es estrés y preocupación.

Solución. Aquí solo palomeo si la preocupación o el pendiente tiene solución. Si no la tiene, la elimino inmediatamente de mi mente. No hay nada que pueda hacer ya, así que, ¿para qué me preocupo de más?

Acción. En la columna de acción escribo lo que puedo hacer al respecto. Trato de llegar a la mayor cantidad de ideas posible de cosas que pueden ayudarme a atender de mejor forma el tema.

Responsable. ¿Eres responsable de eso? ¿Tienes injerencia en el tema? ¿Puedes ayudar? En ocasiones nos preocupamos por cosas que ni siquiera están en nuestras manos. Si puedes ayudar y eres parte, bien; si no, mejor no te preocupes y duerme tranquilo y en paz.

Haz diario al menos una cosa que te guste mucho

Hace poco me preguntaron en una entrevista cuál era mi más grande sueño.

—**Mi más grande sueño es que nunca se me acaben los sueños** —contesté.

Que nunca se te acabe la ilusión por algo en tu día. No te permitas por nada del mundo convertirte en un ser gris, triste, sin sueños ni ilusiones, viviendo una vida mecanizada y robotizada, marchando al son de las exigencias de los otros y perdiendo tu luz en decisiones que te apagan.

Haz más cosas que te gusten en tu día, y verás cómo mágicamente transformas tu vida.

Vivimos ya de por sí en piloto automático. Amanecemos y llevamos a cabo cada una de las actividades de nuestro día, olvidándonos muchas veces de hacer una pausa y evaluar si, durante nuestras horas, nuestros días, nuestros años, nuestra vida, realmente estamos disfrutando de hacer cosas que nos gustan.

Es muy fácil caer en la monotonía y en las rutinas, y dejarnos llevar por la apatía.

Hay quienes encontramos en el trabajo una fuente de energía que nos permite hacer lo que nos gusta y apasiona. Pero aquí también quiero ser enfática: aun cuando estés en el trabajo ideal y ames lo que haces, siempre, siempre, en todo trabajo, habrá un lado no tan bonito, ni interesante, ni apasionante.

Yo amo mi trabajo. De hecho, en alguna ocasión escribí 20 cosas que buscaría en un trabajo ideal y justamente esas 20 cosas las tenía mi trabajo. Sin embargo, hay cosas que no disfruto nada, nadita, hacer. No me gusta nada hacer cotizaciones, por ejemplo. El tema contable es para mí una pesadilla, una verdadera pesadilla.

Evidentemente, no lo llevo yo, pero me gusta involucrarme en todo. Tampoco me gustan los trayectos para llegar de un lugar a otro. En fin, podría encontrar 20 cosas que no me gustan de mi trabajo; sin embargo, prefiero quedarme con las 20 cosas que sí me gustan.

Hay quienes desafortunadamente no tienen un trabajo que les gusta. Se podría decir que es la gran mayoría, y por eso mismo creo que es importante este mensaje, porque tu vida no puede ser trabajar, llegar a tu casa exhausto para emborracharte los fines de semana y desconectarte de todo. De verdad, esa no puede ni debe ser tu vida. Ese no es el sentido de una vida.

No digo que una vida así no merezca ser vivida; por favor, no me malentiendas. Pero ¡qué desperdicio de vida! ¿No crees? Hay tanto qué hacer por las tardes-noches y tanto qué hacer los días libres que tienes; hay tantos atardeceres que has dado por hecho; hay tantas caminatas que no has salido a dar; hay tanto aire fresco por respirar cuando estás en la naturaleza; hay tantas anécdotas que podrías recapitular en un libro; hay tantas personas que morirían por estar contigo de forma presente sin distracciones; hay tantas cosas que podrías hacer; hay tanto de ti por compartir y vivir.

Solo pon los pies en la tierra; conecta contigo, no con las exigencias de lo que la sociedad te indica. No tienes que ir a ese plan por compromiso el sábado, mucho menos si no te va a aportar nada. No tienes que ver a fuerza la serie que todos están viendo en Netflix, ni comprarte lo que todos tienen para pertenecer. No tienes que conocer ese lugar de vacaciones al que todos van porque está de moda. No tienes que ir a gastarte un dineral en un restaurante con tu familia si de por sí todos van a estar en su celular. No tienes que pasearte el domingo por el centro comercial viendo escaparates sintiéndote miserable por lo que no tienes.

Solo tienes que hacer que tu vida te guste, te guste de verdad, y a veces eso se logra haciendo una cosa diaria, una cosa que te guste mucho y que sea verdaderamente significativa para ti, solo para ti.

A mí me encanta despertar temprano y sentarme unos minutos sola a tomarme un té o un café en el silencio de la mañana. Lo disfruto mucho. También me encanta meditar; le invierto diez minutos cada mañana y hace una gran diferencia en mi día.

Me gusta llegar a mi oficina. Me gusta esa sensación de sentarme y saber que van a salir cosas increíbles en el día. Me encanta abrazar a mis hijos; es algo que amo hacer, no sabes a qué nivel. Me encanta abrazarlos, sentir su cabello en mi cara y sentir su corazón tocando el mío; me encanta y lo hago muchísimo. Soy una mamá extremadamente cariñosa a nivel físico y me hace feliz. Me encanta la naturaleza; me recuerda de dónde soy y a dónde voy. Me encanta que llueva y que haya tormentas. Me encanta ver a Mila emocionarse por verme llegar. Me encantan las flores en mi casa; me dan alegría y paz. Me encanta compartir lo que sé y saber que le puede servir a alguien más. Me encanta la vida con todo lo bueno y malo que tiene, así... sin más.

¿Sabes a lo que me refiero? Estoy segura de que hacer más cosas que te gusta hacer, muchas veces, tiene poco que ver con la inversión o el dinero. Tiene que ver mucho más con las sensaciones que eso te produce, pero sobre todo con saber identificarlas, reconocerlas y propiciarlas.

Está bien que te encante viajar y lo hagas si te gusta muchísimo, pero está mejor que sepas que esa taza de té que tomas todas las mañanas hace la diferencia para que te sientas bien durante el día. Hazte consciente de esas pequeñas cosas que te gustan mucho y que tienes que hacer más.

Creo que tenemos que hacer más cosas que nos gustan. Es importante para tu mente, para tu corazón y para tu espíritu.

Preguntas de reflexión:

• *¿Qué te está limitando de disfrutar más de tu vida?*
• *¿Qué tan agradecido eres con los que te rodean?*
• *¿Qué agradeces sobre ti?*
• *¿Qué cosas estás haciendo que no te gusta hacer y que podrías dejar?*

De la intención a la acción:

• *Registra en tu Diario de gratitud 20 cosas por las que estás agradecido e identifica la emoción que te causan.*

• *Lleva un Registro de preocupaciones antes de dormir para poder descansar bien e idear nuevas posibilidades de solución.*

• *Haz una lista de 20 cosas a nivel micro que te guste mucho hacer y que puedas incorporar en tu día a día.*

> *A veces la vida te lanza al abismo sin avisar, y lo único que te queda es aprender a volar.*
>
> Brigitte Seumenicht

CONCLUSIÓN

Ha sido todo un viaje escribir este libro: un viaje de introspección recordando momentos de mi vida; un viaje de conocimiento, de compartir experiencias; un viaje en el cual me aventé al vacío sin saber todo lo que iba a ocurrir. Estoy plenamente orgullosa de haberlo logrado; no fue nada fácil. Estoy contenta por haberme dado a la tarea de proponerme una meta y alcanzarla, de haberme reconocido en cada línea y de haber hablado desde mi vulnerabilidad, mi buena voluntad y mis ganas de ayudar.

Deseo plenamente que algo de lo que has leído haya resonado fuertemente en ti, que hayas hecho algún cambio de creencia, de comportamiento, de actitud, de voluntad y de corazón.

Esto solo es el comienzo de algo que en el fondo siempre he disfrutado hacer: escribir. Hoy sé también que cualquiera puede empezar con una página en blanco su propia historia y honrar su vida y su verdad.

Confío plenamente en que la transformación que has logrado a través de estas líneas ha sido abismal y que seguramente a partir de hoy eres no solo un mejor líder, sino también un mejor ser humano.

Recientemente, llegué un día a mi casa y Ander, mi hijo mayor, me preguntó:

—Mamá, ¿por qué trabajas?

Sabía que tenía que ser muy sabia con mi respuesta, pues al final esas preguntas están en busca de algo que haga sentido y con lo que te puedas identificar cuando seas mayor.

Así que le contesté lo siguiente:

—Trabajo por tres motivos:

Trabajo porque trabajar me hace feliz, y quiero que sepas que en tu vida tienes que buscar ser feliz en todo lo que decidas hacer, siempre y cuando no lastimes a nadie. Yo sé que viajo y que paso tiempo fuera de casa, pero ¿sabes qué? Entre la gente que me escucha, entre la gente con la que comparto lo que creo y entre la gente que está leyendo mi libro se encuentran los líderes del futuro. Probablemente, un día alguno vaya a ser tu jefe, y sería increíble saber que uno de los muchos mensajes que trato de transmitir para que existan mejores líderes, pero sobre todo mejores seres humanos, llegó a la persona indicada. Ser feliz e inspirar a los demás es mi gran misión en la vida. Deseo que tú también encuentres la tuya.

Trabajo porque creo que, en el caso de nuestra familia, hemos conformado un lugar donde todos contribuimos, donde todos valemos por nuestros talentos puestos al servicio de los demás, donde nos apoyamos para ser mejores y donde cada uno brilla acompañado del otro. Creo en las parejas parejas y deseo que ustedes vean eso dentro de nuestra familia y actúen en consecuencia.

Trabajo porque quiero que, el día que ustedes decidan hacer algo en la vida que les guste y que les apasione, yo pueda decirles: "¡Vayan por ello! ¡Yo también lo hice!".

Minutos después, Luken, mi hijo más pequeño, tras escuchar la conversación, llegó con un dibujo que decía: "Mamá Te Amo". En el dibujo estaba yo con cabellos de colores y un paracaídas que decía en letras grandes: "Ret Bull".

Me lo entregó y me dijo: "Creo que le falta algo"; y le añadió unas cuantas "aaaaaaaa" que salían de mi boca.

No quiero hacer demasiado análisis sobre el dibujo, aunque quizá sí valga la pena aclarar que nunca tomo Red Bull.

Me quedé pensando: "¿Cómo sabe él que yo me he sentido así más de una vez en mi vida?".

¿Cuántas veces muchos de nosotros sentimos que hemos sido lanzados al vacío? Así, sin más, sin aviso, sin alerta, sin preparación, sin preámbulo. Hay momentos en nuestra vida en los que eso sucede. Estamos al borde del abismo y deliberadamente caemos sin saber qué va a pasar.

Volamos inestablemente por el aire. Pareciera que todo da vueltas. Giramos sin parar, sentimos miedo de no volver a tocar el piso, nos sentimos perdidos, nos sentimos pequeños y fuera de control, y cuestionamos si de verdad saldremos librados de todo esto. De pronto, sentimos que algo nos sacude con fuerza y milagrosamente sale el paracaídas, que precisamente tiene como función parar la caída para evitar que el golpe sea fuerte o incluso para evitar la muerte.

Estoy segura de que hoy, después de haber llegado hasta aquí con este libro, tú llevas tu paracaídas muy bien puesto y cuentas con muchas más herramientas que te permitirán ir por la vida volando más seguro y confiado de ti mismo. Irás con más experiencia, con mayor aprendizaje, gritando fuertemente de emoción y no de miedo, con más valentía y con la seguridad de que vas a llegar a un lugar seguro con la cabeza bien en alto, con la humildad de haber luchado, con el cuerpo algo mareado pero la mente más clara que nunca y con la satisfacción de haber logrado lo que nadie pudo haber imaginado.

—¿Desde dónde salté? —le pregunté a Luken.

—Desde un lugar al que nunca en tus viajes has ido, mamá: la luna. Yo sé que no has ido. Pero no te preocupes, porque un día yo te voy a llevar. De eso, mamá, como tú siempre dices, de eso, de eso **Yo Me Encargo.**

Yo me encargo se terminó de imprimir en julio de 2022.
Su edición estuvo a cargo de Epicbook Diseño Editorial,
en la Ciudad de México.

info@epicbook.com.mx

Made in the USA
Columbia, SC
10 October 2024